中華古籍保護計劃

成　果

《書目題跋叢書》工作委員會

主　任：饒　權

委　員：吴　格　張志清　陳紅彦　俞國林　林世田　王紅蕾
李　雲　李國慶　劉　冰　劉　薔　羅　琳

《書目題跋叢書》編輯委員會

主　編：吴　格　張志清

副主編：陳紅彦　俞國林　林世田

常務編委：馮　坤　鄭小悠　劉　明

編　委：陳先行　杜澤遜　眭　駿　孫　彦　王紅蕾

書目題跋叢書

影山草堂書目
金石影目録
江南收書記

〔清〕莫友芝　撰
張　劍　整理

中華書局

圖書在版編目(CIP)數據

影山草堂書目 金石影目録 江南收書記/(清)莫友芝撰;張劍整理. —北京:中華書局,2020.12
(書目題跋叢書)
ISBN 978-7-101-12557-3

Ⅰ.影… Ⅱ.①莫…②張… Ⅲ.①私人藏書-圖書目録-中國-清代②金石-專題目録-中國-清代
Ⅳ.①Z842.49②Z88:K877.2

中國版本圖書館 CIP 數據核字(2017)第 094824 號

本書出版得到國家古籍整理出版專項經費資助

責任編輯:劉　明

書目題跋叢書
影山草堂書目　金石影目録　江南收書記
〔清〕莫友芝 撰
張　劍 整理
*
中華書局出版發行
(北京市豐臺區太平橋西里 38 號　100073)
http://www.zhbc.com.cn
E-mail:zhbc@zhbc.com.cn
北京瑞古冠中印刷廠印刷
*
850×1168 毫米 1/32 · 12¾印張 · 2 插頁 · 240 千字
2020 年 12 月北京第 1 版　2020 年 12 月北京第 1 次印刷
印數:1-1500 册　定價:58.00 元

ISBN 978-7-101-12557-3

《書目題跋叢書》編纂説明

中華民族夙有重視藏書及編製書目的優良傳統，並以「辨章學術，考鏡源流」作爲目録編製的宗旨。

漢唐以來，公私藏書未嘗中斷，目録體制隨之發展，門類齊全，蔚爲大觀。延及清代，至於晚近，書目題跋之編撰益爲流行，著作稱盛。歷代藏家多爲飽學之士，竭力搜采之外，躬親傳鈔、校勘、編目、題跋諸事，遂使圖書與目録，如驂之靳，相輔而行。時过景遷，典籍或有逸散，完璧難求，而書目題跋既存，不僅令專門學者得徵文考獻之助，亦使後學獲初窺問學門徑之便。由是觀之，書目建設對於中華古籍繼絶存亡、保存維護，厥功至偉。

上世紀五十年代，古典文學出版社、中華書局等曾出版歷代書目題跋數十種，因當年印數較少，日久年深，漸難滿足學界需索。本世紀初，目録學著作整理研究之風復興，上海古籍出版社、中華書局分別編纂《中國歷代書目題跋叢書》及《書目題跋叢書》，已整理出版書目題跋類著作近百種。書目題跋的整理出版，不但對傳統學術研究裨益良多，與此同時，又在當前的古籍普查登記、保護研究等領域發揮了重要作用。

二〇一六年，經《中國歷代書目題跋叢書》第四輯主編、復旦大學吴格教授提議，由國家古籍保護中心聯合中華書局及復旦大學，全面梳理歷代目録學著作（尤其是未刊稿鈔本），整理目録學典籍，將其作爲調查中國古籍存藏狀況，優化古籍編目，提高整理人才素質的重要項目，納入中華古籍保護計劃框架。項目使用「書目題跋叢書」名稱，由國家古籍保護中心統籌管理，吴格、張志清兩位先生分司審訂，中華書局承擔出版。入選著作以國家圖書館所藏書目文獻爲基礎，徵及各地圖書館及私人藏本，邀請同道分任整理點校工作。出版采用繁體直排，力求宜用。

整理舛謁不當處，敬期讀者不吝指教，俾便遵改。

《書目題跋叢書》編委會

二〇一九年五月

總目

影山草堂書目

目録

整理説明

莫友芝、莫繩孫兩代藏書目録，今經眼者計三種。其中兩種藏國家圖書館，一種藏臺北「國家圖書館」。分別簡述如下：

一、國家圖書館藏《影山草堂書目》二册。該稿兩册扉頁分别題「影山草堂書目上册」、「影山草堂書目下册」，魚尾上印有「乾隆四年校刊」字樣，係用舊稿紙鈔成，版心以毛筆填箱號。上册扉頁記：「此册但以箱記號，别有分類目録。」惜分類目録不知流落何處。上册從一號至六十號，下册自六十一號起，至一百六十四號止。其中第四號中「四書朱子異同雜辨」上有眉批「癸酉二月馬雨翁借」，按馬恩溥（字雨農）同治十三年已卒，故此癸酉當爲同治十二年；十二號中「漢隸字源」上有眉批「洪琴翁壬申十二月初六，又借去」，按壬申當爲同治十一年；十三號中「子略」上有眉批「蒯禮卿借，丁丑九月」，按丁丑當爲光緒三年；十五號中「昭代名人尺牘續集廿四册」後注「宣統辛亥陽湖陶氏石印，在外」；六十三號中「慶元黨禁」後注「六叔鈔」；九十四號中「夢硯齋遺稿四册」上有眉批「黎姑丈借」，「慕耕堂詩鈔」上有眉批「黎姑丈取去」；百零一號有批注「壬子十一月初二查，未見」，按壬子爲民國初年；百十五號中「朱印復古篇」上有眉批「丙午六月檢送羅申田」，按丙午當爲光緒三十二年；百十六號中「皮紙局本史記」上有眉批「戊申查少史記十六本，不知小農等置何處，須檢歸」，按戊申當爲光緒三十四年；百五十二號中「五禮通考、讀禮通考十六函，百二十八册」上有眉批「九叔攜去」，書末有「甲辰九月十七日查」字様，按甲辰當爲光緒三十年。莫友芝卒于同治十年，可見此書目爲其子莫繩孫所編，時間在民國初年之前。此目當爲莫友芝、莫繩孫父子兩代藏書，粗略計之，書目收書近三千種。

二、國家圖書館藏《郘亭行篋書目》二册。該稿首頁首行題「郘亭行篋書目」，下注「但以書箱計號，未盡分類」，上册爲一至六十號，下册爲六十一至一百五十五號。所録基本類同於國家圖書館藏《影山草堂書目》，而較工整有序，其頁眉批云：「壬了十月廿三查，共百五十四箱。」壬子爲民國元年。此書目當爲莫繩孫在《影山草堂書目》基礎上的過録整理本，過録時間在民國初年。

三、臺北「國家圖書館」藏《影山草堂書目》六册。此六册實際分爲四個部分，臺北《「國家圖書館」善本書志初稿·叢書部》（臺北「國家圖書館」二〇〇〇年版）叙録較詳，今概述之：第一部分一册，朱絲欄鈔本，封面題「影山草堂」四字，共二十四頁，上方記書名，偶記卷數、作者、版本要語，每行底端則記書價若干元，内中有莫友芝身後方刊之書，係莫友芝後人抄寫之書目。第二部分一册，皮紙十四葉，所記自一號至三十四號，每號各記若干書名，原封面亦題「影山草堂」四字。第三部分共兩册，係以版心下方印有「松茂室」或「倫仙館」之朱絲欄格稿紙抄寫。各書只記書名及册數，上册三十一頁，所列之書自第一號至第四十七號；下册二十八頁，前十八頁爲書目，未列號，後十頁係七言古詩四首；該稿封面題「影山草堂書目」，右旁注云：「己未秋七月既望列號。」己未爲民國八年（一九一九）。第四部分兩册，上册三十六頁，下册二十八頁，烏絲欄鈔本，版心右上方印有「乾隆四年校刊」字樣，封面亦題「影山草堂書目」；上册全部及下册前十八頁爲書目，共分五十一號，下册後二十頁爲郵書、帶書清單及賬單等；該稿第二十八號内有「省欹公手書篆文紅格」一條，省欹爲莫繩孫字，既稱「省欹公」，該稿當係其後人所編。

按，臺北《「國家圖書館」善本書志初稿・叢書部》所述有不確處，如第四部分雖有尊稱「省欹公」之處，但亦有莫繩孫自稱口吻，如第三十二號「資治通鑑」條下注「仲武讀本」，此目當爲莫繩孫命兒孫輩鈔録，「資治通鑑」條照鈔莫繩孫所編《郘亭行篋書目》原有文字，而「省欹公手書篆文紅格」爲《郘亭行篋書目》中所無，故以尊稱。第三部分的兩册爲莫繩孫後人鈔録，如第四十五號有「省欹公書求闕齋雜鈔目録」、「省欹公臨摹唐石經」，第四十六號有「省欹公雜鈔二册」，未列號書目中亦有「省欹公集印大册二册」、「省欹公集印小册三册」、「省欹公集古印一册」、「省欹公寫貞定遺文、求闕齋雜鈔稿略」、「省欹公稿件一包」等，皆爲顯證。第三部分的兩册較第四部分的兩册，書目有所變化，鈔録時間亦稍後。第一、第二部分均係過録第三或第四部分中的部分内容，兹不論。

值得注意的是，此六册四部分，均係莫氏藏書售餘書目。因民國初年莫繩孫過録《郘亭行篋書目》時，尚存一百五十四箱近三千種書，而至民國八年（一九一九）莫繩孫後人再列書目時，僅餘五十一箱七百多種，臺北「國家圖書館」藏《影山草堂書目》第四部分有一頁專門記録曰：「家留存書計五十一箱碑帖在内。」可見這七八年間，莫氏家族可能發生了一些變故，不得不鬻書自給。

另外，此六册書目絕大部分均在國家圖書館藏《影山草堂書目》和《郘亭行篋書目》之中，但也有一些不同，如《濂亭文集》厚册、《讀通鑑綱目札記》八册、《湖山勝概詩文》一册、《藝風堂集》六册、《衲蘇集》一册、《歷代詞腴》一册、《東藩紀要》四册、《容甫先生遺詩》一册、《敬孚類稿》四册、《竹葉亭筆記》二册、《香石詩話》一册等，此當係莫繩孫及其後人陸續添補之書。

此次整理，旨在揭示莫友芝藏書概況，因此不取臺北「國家圖書館」所藏售餘之《影山草堂書目》，而以鈔録較爲完整清晰的國家圖書館藏《郘亭行篋書目》（簡稱《行篋》）爲底本，校以國家圖書館藏《影山草堂書目》（簡稱《影山》）。《行篋》多爲先述卷數，後述册數（亦有先述册數後述卷數者），《影山》則多爲先述册數，後述卷數。現統一爲卷數在前，册數在後，特殊情況例外；兩書目個别字句增删及順序前後不同，未能增加有效信息者不出校；所録叢書目録有時《影山》順序更爲合理，徑依之，不出校；訛字直接改正，亦不出校。

影山草堂書目[一]

一號

十三經注疏一百册，明閩刊本。

爾雅正義邵晉涵，二十卷，四册，乾隆戊申刊。

孟子正義焦循里堂，三十卷，十册[二]，半九書塾刊。

七經孟子考文日本山井鼎撰，并物觀補遺，共二百卷，三十二册，儀徵阮氏琅嬛仙館刊本。

[一] 原首頁首行作「邵亭行篋書目」，並注云：「但以書箱計號，未盡分類。」《影山》分二册，扉頁分别題作「影山草堂書目上册」、「影山草堂書目下册」。

[二] 《行篋》脱「十册」二字，據《影山》補。

二號

十三經校勘記阮元，二百三十六卷，三十二册，嘉慶戊辰阮氏刊〔一〕。

虞氏易禮二卷。周易鄭荀義三卷。易義別録十四卷。張惠言，四册，道光元年合河康氏刊，初印。

周易虞氏義九卷。周易虞氏消息二卷。二册。張惠言，二册，嘉慶八年揚州阮氏刊，初印，大〔二〕。

象數論黄宗羲黎洲，六卷，一册，新安汪氏西麓堂刊〔三〕。

雕菰樓易學焦循，四十卷，十册，嘉慶中焦氏原刊，初印，大。

詩書古訓阮元，六卷，六册，道光廿一年原刊。

禮經釋例凌廷堪次仲，十三卷，六册，阮氏文選樓刊。

禹貢鄭注釋焦循，二卷，一册，道光戊子焦氏原刊〔四〕，初印，大。

尚書後案王鳴盛，三十卷，十册，乾隆戊子刊印〔五〕。

古文尚書考惠棟，二卷，一册，乾隆五十七年刊。

禹貢會箋徐文靖位山，十二卷，一册，乾隆十八年刊。

今文尚書説陸奎勛坡星，三卷，一册，嘉慶戊戌刊。

尚書釋天秀水盛百二秦川，六卷，三册，乾隆十八年自刊精本。

禹貢錐指德清胡渭，二十卷，十册，康熙乙酉刊〔六〕。

尚書古文疏證太原閻若璩百詩，八卷，四册，乾隆八年刊。

太誓答問仁和龔自珍，一卷，一册，同治丁卯重刊。

禹貢今釋當塗芮日松次喬，二卷，一册，道光戊子求是齋刊。

尚書釋天盛百二，六卷，二册，乾隆甲午任城書院刊。

左傳舊疏考正儀徵劉文淇，八卷，二册，道光戊戌刊。

春秋世族輯略丹徒王文源夢圃，二卷，二册，道光乙巳陳氏刊。

春秋左氏傳賈服注輯述嘉興李貽德，二十卷，八册，同治丙寅刊。附《攬青閣詩集》二卷，《夢春廬詞》、《早花集》（其婦吴筠）各一卷。

群經宫室圖焦循，二卷，一册，半九書塾刊，初印，大。

禮説東吴惠士奇半農，十四卷，五册。附《大學説》，嘉慶丁巳蘭陔書屋刊，初印，大。

詩章句考當塗夏炘心伯，二卷，一册。又《朱子集傳校勘記》一卷、《詩古韻表集説》二卷、《詩樂存亡譜》一卷，道光壬辰刊。

詩古微邵陽魏源默深，二卷，二册，佳刊。

毛詩異義歙汪龍，四卷，附《詩譜》，二册，道光乙酉鮑方栞精刊，佳紙，初印。

釋穀寶應劉寶楠，四卷，一册，咸豐五年刊。

易經爻辰貫東臺馮道立務堂，二卷，又《周易三極圖貫》四集八卷，十册，咸豐戊午刊。

弁服釋例興化任大椿，八卷，一册，嘉慶丙辰刊。

儀禮石經校勘記阮元，四卷，一册，乾隆乙卯七録書閣刊。

車制圖解阮元，二卷，一册。

肆獻祼饋食禮任啟運通，三卷，一册，清芬堂刊。

儀禮古今文疏義涇胡承拱，十七卷，一册，道光乙酉求是堂刊。

春秋鑽燧仁和曹金籀，四卷，一册，同治七年重刊。

春秋左傳姓名同異考錢塘高士奇澹人，四卷，一册，原刊本，初印。

春秋左傳詁陽湖洪亮吉稚存，二十卷，八册，嘉慶原刊，初印。

周易集解三册。

毛詩稽古編八册。此二種，辛未二月曾中堂借〔七〕。

〔一〕《影山》此句作「嘉慶戊辰阮氏刊，中印」。

〔二〕《影山》此前有：「《周易述》，六册，雅雨堂刊本，印劣，惠棟集注並疏，四十卷。」

〔三〕《影山》此處多「印上」二字。

〔四〕焦氏原刊：《影山》作「焦氏半九書塾刊」。

〔五〕《影山》此處多「印中」二字。

〔六〕《影山》此處多「中印」二字。

〔七〕按此指同治十年二月。然據《郘亭日記》，事在三月二日，該日記：「督相遣假《周易集解》《毛詩稽古編》。」

三　號

春秋内傳古注輯存東吴嚴蔚豹人，三卷，三册，乾隆五十二年二酉齋刊。

夏小正集解高郵顧問，四卷，一册，乾隆壬子刊。

廟制圖考萬斯同季野，四卷，一册，乾隆乙酉刊。

群經補義新安江永慎修，五卷，一册，侄孫江錞等校梓。

周禮疑義舉要江永，八卷，一册，乾隆辛亥刊。

農雅倪倬，六卷，一册，嘉慶十八年刊。

古樂經傳安溪李光地，五卷，一册〔二〕，丁未其孫清植刊，佳。

禮記訓義擇言江永，八卷，一册。

周易本義辯證惠棟，五卷，一册。

九經古義惠棟，十六卷，一册，省吾堂刊。

五經異同崑山顧炎武亭林，三卷，一册，蔣光弼省吾堂刊。

石經考萬斯同，一卷，一册。

儀禮圖張惠言，六卷，四册，原刊，大本。

廣雅疏證高郵王念孫，十卷，八册。附《博雅音》十卷，嘉慶元年王氏原刊。

公羊通義孔廣森，十一卷，三册。

大戴禮補注十三卷，二册。又序録一卷。

詩聲類十二卷，一册。又分例一卷。

禮學卮言六卷，一册。經學卮言六卷，一册。

少廣正負術八卷，一册。駢儷文三卷，一册。以上七種並顨軒孔氏所著，共六十卷。嘉慶十七年孔氏刊。

六書音韻表段玉裁，五卷，二册，乾隆中原刊。

經韻樓叢書金壇段玉裁，段玉裁《經韻樓集》二十卷，戴震《東原集》十二卷附《年譜》，又《聲韻考》四卷，《古文尚書撰異》三十卷、《周禮漢讀考》六卷、《毛詩故訓傳定本》三十卷、《春秋左氏古經》二卷；二十四册，道光元年刊。

陳左海經説四種福州陳壽祺，《左海經辯》二卷、《五經異議疏證》三卷、《尚書大傳定本》五卷、《洪範五行傳輯》三卷，八册，道光癸未刊。

群經平議德清俞樾，三十五卷，十二册，同治五年自刊。

四書考異仁和翟灝晴江，三十六卷，十册，乾隆三十四年刊。

經義述聞高郵王引之，三十二卷，十二册，嘉慶二十二年刊。

蔡氏月令王雲立清，二卷，二册，道光甲申王氏刊。

四書補考江陰鳳韶德隆，二卷，一册，嘉慶戊辰刊。

大學翼真德清胡渭，七卷，一册，戴上鏞校刊，初印，大。

四書釋地辨證長洲宋翔鳳，二卷，一册。

四書釋地續、又續、三續。閻若璩，四集，附《孟子生卒年月考》，四册，東語王氏重刊。

四書釋地續、又續、三續。補山陰樊廷枚校補，四集，六册，海涵堂刊，初印，大。

鄉黨圖考江永，十卷，六册，乾隆甲午刊。

論語異文考證嘉興馮登府，十卷，一册，道光甲午粤東學海堂刊。又一册。

經傳考證寶應朱彬，八卷，二册，道光二年刊，佳。

儀禮釋官績溪胡匡衷，九卷，四册，嘉慶丙子研六閣刊。

拾雅高郵夏味堂，二十卷，八册，道光壬午夏氏刊，初印。

經學五書萬斯人充宗，十卷，《學禮質疑》、《禮記偶箋》、《儀禮商》、《周官辨非》、《學春秋隨筆》，二册，乾隆己卯重刊，初印。

公羊禮説江都凌曙，一册，嘉慶己卯刊。公羊逸禮考徵長洲陳奂，一卷，一册，同治戊辰刊。

駢雅訓纂明朱謀㙔，龍巖魏茂林訓纂，十六卷，八册，道光二十五年刊，初印，大。

春秋繁露注漢董仲舒撰，江都凌曙注，十七卷，一册，嘉慶乙亥刊，初印，大。

穀梁釋例海州許桂林，一卷，一册，道光二十五年刊，初印，大。

韓詩外傳校注新安周廷寀，十卷，二册，附《拾遺》，乾隆辛亥刊，初印，大。

西漢儒林傳經表周廷寀，二卷，一册。

儀禮鄭注句讀濟陽張爾岐句讀，十七卷，四册，乾隆八年和衷堂刊。

論語古解順德梁廷枏，十卷，一册，藤花亭十種之一。

求古録禮説補遺臨海金鶚，一卷，一册，同治丁卯刊。

〔一〕《行篋》脱「一册」二字，據《影山》補。

四　號

四書集注吴縣吴志忠仿宋本，十册。

中庸集解宋石𡼏，此書世無傳本，先府君輯出刊行，影山草堂刊本。

中庸臆測真定王定柱，二卷，二册。

大學臆古王定柱，一册。　大學臆古古今文附證王定柱，一册。

大學中庸口義湯友信誠齋，二册。

四書改錯毛奇齡西河，二十二卷，六册。

四書通胡炳文，八册，通志堂本。

四書朱子異同條辨〔一〕康熙中梁都李沛霖撰，六函三十四册，近譬堂刊本，初印。

四書反身録李二曲，八卷，二册。

四書大全三魚堂，二十册。

四書蒙引明蔡清，十五卷，十二册。

四書摭餘説蕭山曹之升寅谷，六册。

四書講議吕晚邨，三十五卷，二册。

四書講義遺編陸稼書，六卷，六册。

四書講義困勉録陸隴其稼書，十四卷，十六册〔二〕。

〔一〕《影山》有眉批：「癸酉十二月馬雨翁借。」

〔二〕《影山》此處多：「《古玉圖譜》，宋龍大淵等奉敕編，一百卷，十六册。」

五號

璜川吴氏經學叢書三十六册。**甲集**惠士奇《春秋説》十五卷。**乙集**惠周惕《詩説》三卷、《附録》一卷，惠士奇《大學説》一卷，惠士奇《禮説》十四卷，顧炎武《左傳杜解補正》三卷。**丙集**惠士奇《易説》六卷，江永《群經補義》五卷，吴鼒《三正考》一卷，明周洪謨《辨疑録》三卷，〔李崇〕〔一〕禮《章水經流考》一卷，華學泉《春秋疑義》二卷，宋岳珂《九經三傳沿革例》一卷，宋彭耜《道德經集注釋文》一卷。**附集**吴成佐《經史論存》四卷、《補》四卷，吴英《經句説》二十四卷。

朱氏群書二册。《儀禮經注一隅》，二卷；《夏小正》，戴德傳，朱駿聲補傳；《小爾雅》，朱駿聲約注，一卷；《離騷賦》，王逸注，朱駿聲補注。

禮書綱目江永，八十五卷，二十二册〔三〕。

石經考異嘉興馮登府，又《三家詩異文疏證》並《補遺》，四册，《皇清經解》本。

惜抱軒九經説姚鼐，十七卷，二册。

昏禮通考嘉善曹庭棟，二十四卷，六册。

儀禮經傳通解三十七卷，又續二十九卷，十六册。

讀禮通考徐乾學，一百二十卷，二十册。

白虎通漢班固等奉詔撰，四卷，二册，抱經堂本，初印。**白虎通**漢班固等奉詔撰，四卷，一册，抱經堂本。

群經宫室圖焦循，二卷，二册，半九書塾刊本。

五經異義疏陳壽祺，三卷，三册。

五經圖明盧雲英，十二卷，缺五、六兩卷，當是六經圖，缺《詩》。《易》、《書》、《春秋》、《禮》、《周禮》，五册。

書儀司馬光，一册，朱印本。

禮記訓纂寶應朱彬輯，四十八卷，十册。

〔二〕《行篋》、《草堂》此處俱爲方框，今據書名推補。

〔三〕《影山》作「二十册」。

六號

五禮通考金匱秦蕙田，二百六十二卷，八十册，初印，秦文恭手校本。

七號

康熙御纂周易折中二十二卷，十册。

淮海易談明孫應鰲，四卷，四册，隆慶二年戊辰中秋序刊，明刊本。

易原宋程大昌，八卷，一册，聚珍本。

古周易一卷，一册，通志堂本。

易學濫觴元黄澤，一卷，一册，聚珍本。又一册。

易數勾隱圖三卷並遺論九事一卷劉牧，四卷，一册，通志堂本。

大易象數鈎深圖二卷，二册，通志堂本。

易象圖説二卷，一册，通志堂本。

東萊易説宋吕祖謙，二卷，明刊，一册。

周易廣義六卷，六册，高頭本。

田間易學桐城錢澄之飲光，四卷，四册。

大易緝説王申子，十卷，四册，通志堂本。

周易闡要朱熹集録，四卷，六册。

蘇氏易傳宋蘇軾，八卷，一册，汲古閣本。

京氏易傳陸續，三卷。麻衣道者正易心法陳希夷，一卷。元包經傳後周衛元嵩述，唐蘇源明傳，李江注，五卷。元包數總義蜀張行成，二卷。汲古閣本，共一册。

生齋讀易日識〔二〕方坰子春，六卷，一册。
尚書説黄度，七卷，二册。以下四種並通志堂本。
書傳旁通陳師凱，六卷，二册。
詩集傳名物鈔許謙，八卷，二册。
書傳輯録纂注董鼎，六卷，二册。
周易屬辭通説蕭光遠，二卷。
尚書考異旌德梅鷟，六卷，二册。又二册，桃花紙印。
書經集傳蔡沈，六卷，四册，立本齋本。
尚書表注金履祥，二卷，一册。以下二種並通志堂本。
書古文訓薛季宣，十六卷，四册。
書傳音釋鄱陽鄒季友晋昭，六卷，四册。
尚書大傳鄭注，四卷。考異一卷。續補遺一卷。鄭司農集一卷。雅雨堂本，共一册。
書經纂注鍾惺五經之一，二卷。禹貢圖注陳子龍乃摘夏允彝合注爲之（附有《明總圖》《九邊河漕》兩圖），一卷。

金陵書局新刊七經《四書集注》六本，《易程傳》三册，《易朱子本義》二册，《書蔡傳》四册，《詩朱集傳》五册，《左傳杜注》十二册，《禮記陳氏集説》十册，共四十二册。

禹貢集釋三卷。　錐指正誤山陽丁晏，一卷。共二册。

御案五經二十四册。

欽定詩經傳説彙纂二十一卷，十六册。

尚書詳解宋陳經，五十卷，八册，聚珍本。

〔一〕《影山》無此條。

八　號

毛詩草木鳥獸蟲魚疏校正仁和趙佑，二卷，一册。

詩考補宋王應麟，二卷，一册。

毛詩本義歐陽修，十六卷，三册，舊鈔本。　又二册，歐陽杰、歐陽棨校刊本。

毛詩指説唐成伯璵，十五卷，一册，通志堂本。
呂氏家塾讀詩記三十二卷，十二册。
詩世本古義明何楷玄子，十二册〔一〕，明刊本。
詩説劉克，十二卷，四册，汪闓原仿宋本。
毛詩後箋涇胡承拱，三十卷，十二册。
毛詩古音考明陳季立，四卷，一册，謝墩山房原刊本。
詩名物疏明馮復京嗣宗，五十五卷，五册，明刊本。
詩解頤元朱善，四卷，二册，通志堂本。
詩疑問元朱倬，七卷，一册，通志堂本。
田間詩學錢澄之，六册。
朱子詩義補正桐城方苞，二册，鈔本。
詩譜補亡後訂海寧吴騫，一册，拜經樓刊。
詩緝宋嚴粲，三十六卷，八册，仿宋本。

毛詩要義二十卷，二十六册，舊鈔。

毛詩傳疏長洲陳奐，三十卷，附《音説》、《傳義類》、《鄭箋徵》，十二册。

詩集傳音釋二十卷，附校勘札記，六册，海昌蔣氏仿元本。

毛詩禮徵涇包世榮，十卷，六册。

嚴氏詩緝補義劉粲星若，八卷，八册。

讀詩一得盱眙吴棠，一册。

詩義補正方苞撰，八卷，光緒三年馮焌光刊。

毛詩要義二十卷，十二册，新刊倭皮紙初印本。

〔二〕十二册：《行篋》作「十」，據《影山》補。

九　號

春秋釋例晋杜預，十五卷，四册，聚珍本。

道光欽定春秋左傳讀本三十卷，十册，江蘇書局初印〔一〕。

春秋大事表顧棟高震滄，五十卷，外《附録》，二十四册。

公羊傳解詁漢何休，二十八卷，六册，永懷堂本。

穀梁傳集解晋范甯，二十卷，四册，永懷堂本。

春秋七國統表蕭山魏翼龍際雲，六卷，二册。

春秋孔義明高攀龍，十二卷，二册，明刊。

春秋闕如編焦袁熹南浦，八卷，四册。

春秋胡傳三十卷，三册，附林堯叟音注，汲古閣本。　又别本，五册，精印，昔末册缺配者。

春秋公羊經傳解詁漢何休，十二卷，四册，外附校勘記，揚州汪氏仿紹熙本，初印。

左傳事緯前書八卷。　左傳事緯十二卷，馬驌宛斯。　五册。

春秋辨疑宋蕭楚，四卷，一册，聚珍本。

春秋胡傳四册，明精刊綿紙，初印。

讀左卮言石韞玉，一卷，附《漢書刊訛》一卷，一册。

禮經通論上卷邵懿辰，一册。

參讀禮志疑婺源汪紱，二卷，二册。

經禮補逸明汪克寬德輔，九卷，四册，明刊精印。

儀禮鄭注十七卷，四册，立本齋初印。

周禮鄭注六册，清芬閣初印。

禮經會元錢塘許元淮匯東，四卷，四册。

志樂輯略華亭倪元坦，三卷，一册。

禮記集解孫希旦，六十一卷，十六册。

肆獻祼饋食禮任啟運，三卷，一册。

大戴禮記盧辨注，十三卷，二册，雅雨堂刊。

欽定儀禮義疏四十八卷，二十八册。

春秋左傳杜注三十卷，八册，姚培謙刻，劉海峰圈點本。

〔一〕《影山》後注：「小農取讀。」

十號

爾雅郭注並圖三卷，三册，摹刊宋本〔一〕。

爾雅郭注補正戴鎣，三卷，四册。

爾雅新義宋〔三〕陸佃農師，二十卷，二册，仁和宋大樽校。

爾雅鄭注宋鄭樵，三卷，一册，鄭天錞仿宋本。

爾雅義疏郝懿行，二十卷，八册。

急就章注二册。

爾雅翼宋羅願，三十二卷，二册，明刊本。又附《鄂州小集》五卷，八册，明刊本。

農爾雅倪倬，六卷，一册。

埤雅宋陸佃，二十卷，二册，明初顧棫校，仿宋刊。又贛州府通判錢塘鄭暹，二册，正統九年刊本。又四册，嘉靖元年刊於贛州之清獻堂，每半頁十行，行十九字，每卷附音釋一頁。

爾雅郭注三卷，附陸德明《音義》三卷，明吴元恭本，重刊〔二〕，一册。

小學鉤沈興化任大椿，十八卷，二册。

説文發疑安吉張行孚乳伯述，六卷，二册。

小爾雅疏證嘉定葛其仁，二，少一。

廣雅疏證高郵王念孫，十卷，《皇清經解》初印，八册。

釋名定本漢劉熙成，八卷，一册，璜川書塾刊。　又明刊本，一册。

方言漢揚雄紀，晋郭璞注，十三卷，二册，抱經堂本。

續方言仁和杭世駿，二卷，一册。

吴下方言考武進胡文英，十二卷，一册。

拾雅高郵夏味堂，六卷，二册，精刊。　又二册。

别雅山陽吴玉搢，五卷，五册。

字林考逸興化任大椿，《釋增》一卷，《深衣釋例》三卷，《列子釋文》二卷，《列子釋文考異》一卷，共十五卷，共八册。

匡謬正俗顏師古，八卷〔四〕，一册，雅雨堂綿紙初印。

干禄字書一册，精刊。

鍾鼎字源汪立名，五卷，一册，精刊。

石鼓釋文考異一卷，一册。

石鼓文章句海鹽吴東發，一卷，一册。

汗簡宋郭忠恕，七卷，一册，汪立名刊。　汗簡箋正〔五〕遵義鄭珍，八卷，四册。

六書故永嘉戴侗，三十三卷，十六册，明張萱精刊初印，明趙宧光舊藏本。

五經文字九經字樣唐張參等奉敕撰，三卷，共二册，仿乾符本。

史漢字類宋婁機，五卷，一册，明仿淳熙本。

古文四聲韻宋夏竦，五卷，二册，新安汪氏精刊。

群經音辨賈昌朝，七卷，二册，澤存堂仿寶元本，初印。

復古編〔六〕吴興張有，附張維《曾樂軒稿》、張先《安陸集》，三册，精刊。　又二册。

字詁義府合刻歙縣黄生，各二卷，二册。

龍龕手鑑遼釋行均，四卷，六册，虚竹齋刊。　又三册，函海本。

隸法彙纂歙項懷述，四册，精刊。

廣韻二册，張刊。　玉篇三册，綿紙初印〔七〕。　又五卷，五册，顧本。

洪武正韻五册，明刊。

洪武正韻箋明刊，四册。

六藝綱目舒天民，二卷，二册，嘉蔭簃精刊。

爾雅蒙求附訂雲臺二十八將圖，一册，精刊大字本。

急就漢史游作，唐顔師古注，四卷，一册。

大清州縣名急就章彭翔履，一册。

説文字原集注蔣和，十六卷，附《字原表》，二册〔八〕。

繆篆分韻五卷。　補一卷。　桂馥編，姚覲元刻，四册〔九〕。

字孿葉秉敬，二卷，一册。

爾雅古注斠李祖望妻葉蕙心，二卷，附《蘭如詩》一卷，二册〔一〇〕。

〔一〕《影山》下有:「《音韻闡微》四册,在九叔處,蒯禮卿贈。」

〔二〕《影山》下有:「吴本出宋槧。高述群贈。」

〔三〕宋:《行篋》誤作「朱」,據《影山》改。

〔四〕《影山》少「八卷」二字。

〔五〕汗簡箋止:《影山》作「又石印小本又汗簡箋正」。有眉批:「乙亥二月賀幼誠借。」又圈去。

〔六〕《影山》有眉批:「賀幼誠借二册。」後圈去。

〔七〕《影山》後多「極精」二字。

〔八〕《影山》後注:「十一號移來。」

〔九〕四册:《行篋》少此二字,據《影山》補。

〔一〇〕《影山》後有:「《音韻闡微》四册。」注云:「移十二號。」皆以墨筆勾去。

十一號

説文繫傳宋徐鍇,四十卷,附校勘記三卷,六册,祁相國據宋本刊,初印。繫傳考異汪憲,四卷,二册,缺首册。

說文解字宋徐鉉，十五卷，一册，孫淵如覆宋本，校批面。

說文五音韻譜[一]宋徐鉉，十二卷，十二册，明覆宋本，初印。　說文辨疑顧廣圻，一卷。

說文段注金壇段玉裁，三十二卷，十六册，初印。

說文校議歸安姚文田、烏程嚴可均，十五卷，二册，四録堂精刊，初印。

說文斠銓嘉定錢坫，十四卷，六册，初印[二]。

說文釋例安邱王筠，二十卷，十册，初印。

說文句讀安邱王筠，三十卷，十册，初印。

段氏說文注訂吴縣鈕樹玉，八卷，二册，精刊，初印。　又四册。　又一册。

說文新附考鈕樹玉，六卷，附《說文續考》一卷，初印[三]。

說文古語考長洲程際盛，一卷，一册。

說文引經考異丹徒柳榮宗，十六卷，二册。

說文疑疑江陰孔廣居，分上下兩册，四册。

說文引經考吴玉搢，二卷，一册[四]。

說文字通吳縣高翔麟，十四卷，二册，精刊，初印。

說文蠡箋吳郡潘奕雋，十四卷，一册。

御覽引說文録鈔本，一册。

說文通訓定聲元和朱駿聲，分十八部，二十四册。

說文答問疏證嘉定錢大昕著，甘泉薛傳均注，六卷，二册。

唐本說文木部箋異初印朱本，一册。

說文字原一册。

工韻篆抄本，一册。

漢學諧聲太平戚學標，二十四卷，八册。

說文凝錦録秀水萬光泰，一卷，一册。

說文解字義證曲阜桂馥，五十卷，四十八册，湖北書局初印。

五音韻譜正字曾紀澤録，二册。

字原考略吳照，六卷，末一卷乃附漢史游《急就篇》及宋洪适《急就章》，二册，佳刊。

木部箋異初印樣本，一册〔五〕。

御覽引説文自録，一册。

汲古閣説文訂段玉裁，一册〔六〕。

〔一〕《影山》後注：「此書移入一百〇八號。又：十四册，《皇清經解》本，缺首三卷。」眉批：「因十一號書太滿，移一百〇八號。」

〔二〕《影山》後有：「《説文字原集注》，蔣和，十六卷，二册，精刊，附《字原表》及《字説》。」後注：「移入十號。」

〔三〕《影山》後有：「又二册。又一册，碧螺山館補，非石居原校，送幼誠。」

〔四〕《影山》有眉批：「凌塵遺借，丁丑四月。」後圈去。

〔五〕《影山》後注：「中有校條。」

〔六〕《影山》有眉批：「徐棣借。」後圈去。

十二號

韻會舉要元黄公紹，三十卷，十册〔一〕。

金石文字辨異階州邢澍，十二卷，六册〔二〕，初印。

隸韻宋劉球，十卷，外附翁方綱《考證》二卷，六册，仿淳熙本初印。

漢隸字源〔三〕宋婁彦發，三册，汲古閣仿慶元本初印。

隸辨長洲顧靄吉，八卷，四册，黄晟精刊，佳紙，初印。

音學五書崑山顧炎武，《音論》三卷，《詩本音》十卷，《易音》三卷，《唐韻正》廿卷，《古音表》一卷，共五册。

六書韻徵錫山安吉，十六卷，六册，初印。

音古泝原錫山安念祖、華湛恩同輯，八卷，四册，初印。

續古篆韻魯郡吾〔四〕衍，六卷，一册，獨抱廬初印，批面。

漢隸分韻明李宗樞子西，七卷，一册，萬承天臨刊，初印。

六書正譌元周伯琦，五卷，二册，元至正刊本，初印。

説文字原元周伯琦，一卷，一册，元至正刊本，初印。

四聲切韻表江永，一卷，一册，初印。

古韻標準江永，四〔五〕卷，一册，守山閣初印。

孫氏唐韻考河間紀容舒，五卷，一册，守山閣初印。

聲類錢大昕，四卷，二册。

述均當塗夏燮，十卷，二册，精刊。

古今通韻毛奇齡，十二卷，六册，初印。

古韻通説桂林龍啟瑞，二十卷，四册，初印。

江氏音學十書歙江有誥，《詩經韻讀》四卷，《先秦韻讀》一卷，《入聲表》一卷，《群經韻讀》一卷，《唐韻四聲正》一卷，《等韻叢説》一卷，《楚詞韻讀》一卷，《諧聲表》一卷，八册。

古今韻略毗陵邵長蘅，五册。

古音諧姚文田，八卷，四册，初印〔六〕。

唐本説文木部箋異五部，五册。

金石韻府明朱雲，五卷，二册，舊抄。

佩文韻纂一巨册〔七〕。

一切經音義唐釋慧琳撰，一百卷，五十册，日本文元二歲刊。　續一切經音唐沙門希麟撰，十卷，五册，日本延享二年刊。

音韻闡微 雍正欽定，四册。

〔一〕《影山》後有：「明嘉靖十五年李愚谷、張鯤校刊。」

〔二〕六册：據《影山》補。

〔三〕《影山》有眉批：「洪琴翁，壬申十二月初六。」「又借去。」皆又圈去。

〔四〕吾：《行篋》缺，據《影山》補。

〔五〕四：《行篋》作「一」，誤，據《影山》改。

〔六〕《影山》後有：「段氏《説文解字注》十四册，《皇清經解》本，缺首二卷。送繆幼誠。」

〔七〕《影山》後有：「手校。」

十三號

授經圖 明〔朱〕睦㮮，二十卷，朱中尉西亭氏原本，明刊。

經義考 朱彝尊，三百卷，四十册，盧見曾編本。

小學考謝啟昆，五十卷，十六册。

崇文總目宋王堯臣等編次，嘉定錢東垣輯釋，元六十六卷，今分五卷，外錢侗〔一〕補遺附録，三册。

文獻經籍考馬貴興，八册，舊。

子略〔二〕宋高似孫，四卷，又目一卷，一册，照曠閣本。

衢州本〔郡〕齋讀書志宋晁公武，二十卷，六册，汪士鐘精刊。

袁州本郡齋讀書志宋晁公武〔三〕，十四卷，附趙希弁《附志》、《後志》，全，四册，陳師曾刊。

直齋書録解題宋陳振孫，二十卷，六册，聚珍本。

文宗閣四庫全書裝函清册二册，鈔本。

兩浙採遺書目鍾音等，以天干十字加閏字分十一集，十二册。

國史經籍志明焦竑，六册，明刊。

天一閣書目寧波范氏，十册，文選樓刊。　天一閣碑目范懋敏編次，一卷，一册，文選樓刊。

汲古閣藏書目〔四〕二册，舊鈔。

愛日精廬藏書志昭文張金吾，三十五卷，六册。

述古堂書目錢曾遵王，六册，舊抄。

明人集目舊抄，二册。

讀書敏求記錢曾，四卷，四册。

曝書亭書目舊抄，一册。

絳雲樓書目虞山宗伯，附《静惕堂書》，共一册，陳少章定本，舊鈔本，黄蕘圃舊藏。

汲古閣秘本書目〔五〕《延令宋板書目》，季蒼葦；《百宋一廛賦注》，顧廣圻撰，黄丕烈注。共一册。又百宋一廛賦一册。

漢藝文志汪文盛，《漢書》殘，一册。

舊唐書藝文志後晋劉昫，一册，殿板正史本。

補宋遼金藝文志《群書拾補》本，二册，抱經堂刊。

補元史藝文志錢大昕，四卷，一册，精刊。

阮文達進呈書提要五卷，一册。

古今書目舊鈔，十八册〔六〕。

蛾術堂集蕭山沈豫，四册。

皇清經解提要並《續編》，二卷。群書提要一卷。《讀書如面》一，《讀史雜記》一，《仿今言》一，《楚州草》一，《周官識小》一，《袁浦札記》一，《芙村文鈔》二，《左官異禮略》一，《群書雜義》一，《芙村學吟》一。

福建重刊聚珍板書目〔七〕一册。

道藏目録明白雲齋，四卷，四册，明刊。

道藏輯要總目蘇朗諸弟子，一册。

支那本佛藏目録一册。

漁洋説部精華錫山劉堅類次，附《書跋》、《説鈴》，二册，精刊。

通志堂經解目首有翁方綱《春秋分年繫傳》一卷，一册，合訂。

知聖道齋讀書跋尾彭元瑞，二卷，一册，鈔本。

楝亭書目千山曹氏藏書目也，一册，鈔本〔八〕。

十萬卷樓叢書目一小册，湖州陸誠齋觀察〔九〕。

古今書刻古黄周弘祖輯録，二卷，如金石家例，以地繫書，上卷書，下卷石刻，一册，鈔本。

萬卷堂家藏書目一卷，明朱睦㮮藏書也，鈔本。

秘書省續編到四庫闕書紹興年，一册，改定，鈔本。

孫氏祠堂書目孫星衍，一册，鈔本，無外編。

孫祠書目内編四卷，外編三卷，二册。

〔一〕 侗：《行篋》誤作「伺」，據《影山》改。

〔二〕 《影山》上有眉批：「蒯禮卿借，丁丑九月。」

〔三〕 《行篋》脱「公武」二字，據《影山》補。

〔四〕 《影山》眉批：「魯軒借。」後圈去。

〔五〕 《影山》眉批：「魯軒借。」後圈去。

〔六〕 《行篋》夾有紅紙條，上書：「《古今書目》十八册，楚生要，查。」按，莫棠，字楚生。

〔七〕 《行篋》脱「書目」二字，據《影山》補。

〔八〕 《行篋》夾有紅紙條，上書：「《楝亭書目》一册，庚子正月小農帶去。」

〔九〕 《影山》後多「之刻」二字。

十四號

集古録目宋歐陽修，十一卷，一册。

高士傳圖像二册、於越先賢傳圖像二册任渭長畫，初印，原本。

金石録四册。

隸釋隸續宋洪适，共五十四卷，十二册，汪日秀刊，初印。

隸釋刊誤吴縣黄丕烈，一卷，一册，黄氏精刊，初印。原本爲洪琴西借去上板翻刻，今此本即所重刻新印本。

又一册〔一〕。

石墨鐫華明趙崡，八卷，一册，明刊。

金石林時地記一册。

觀妙齋金石文考略嘉興李光映，十六卷，六册，精刊初印。

兩漢金石記翁方綱，三十二卷，六册〔二〕。

金石粹編王昶，一百六十卷，六十四册。《金石萃編補目》三卷，附《元碑存目》一卷，黄本驥，鈔本，手校。

石柱記箋釋唐顔真卿撰，鄭元慶箋釋，四卷，一册，精刊初印。附朱彝尊《補石柱記》一卷，鄭元慶箋釋。

石經考、石經考異萬斯同，一册。

潛研堂金石文字錢大昕，目録八卷，跋尾六卷，共五册。跋尾續七，又六卷，又六卷。

金石文字記顧炎武，六卷，一册。

山左金石志畢沅、阮元同撰，二十四卷，十二册〔三〕。

粤東金石略翁方綱，九卷，又附二卷，二册，精刊初印。

湖北金石存佚考〔四〕二十二卷，八册。

湖南金石志瞿中溶，二十卷，六册，通志堂本。

金石苑劉燕庭，八册，精刻初印。

粤西金石略南康謝啟昆，十五卷，四册。

安陽金石志趙希璜、武億同纂，十三卷，四册。

常山貞石志沈濤，二十四卷，八册。

小琅環叢記、滇南古金石録阮元，一册。

説嵩金石景日昣，二卷，一册。

授經堂金石文字續跋偃師武億，十四卷，五册。

越中金石記山陰杜春生，十卷，六册。

金石苑馮承煇，二册，精刊。

金石契嘉禾張燕昌，一册，精刊初印。

平津讀碑記洪頤煊，八卷，附《續記》一卷，又《續》一卷〔五〕，三册。

詩譜補亡後訂、國山碑考、許氏詩譜抄吴騫，共一册。又一册，少許氏詩補抄〔六〕。

瘞鶴銘考陳鵬年，一卷，一册〔七〕。

吴國山碑考、漢司農劉夫人碑摹本路銓廷，共一册。

京畿金石考孫星衍，二卷，一册。

續寰宇訪碑録趙之謙，五卷，二册。

小蓬萊閣金石文字黄易，五册。

古刻叢抄陶宗儀，一卷，一册，鈔本。

金石林時地記明趙均撰，二卷，一册，舊鈔本。

漢石例竇應劉寶楠，六卷，二册。

〔一〕《影山》後多：「又一册。送卯生。」

〔二〕《影山》後多：「又一部，初印八册，入百廿七號；又一部，六册，入百十七號。」

〔三〕《影山》後多：「《山右金石録》一册，在廿四史《漢書》箱内。」

〔四〕《行篋》脱「考」字，據《影山》補。

〔五〕《行篋》脱「又《續》一卷」四字，據《影山》補。

〔六〕《影山》後多：「《古誌石華》，黄本驥，二厚册。入百廿三號。」又，「補」字疑「譜」之誤。

〔七〕《影山》後多：「《寰宇訪碑録》，孫星衍。」

十五號

鍾鼎款識宋薛尚功，二十卷，四册，阮氏精刊初印〔一〕。

積古齋鐘鼎款識阮元，十卷，二册〔二〕。

漢蜀石經殘字陳宗彝，一册，精刊〔三〕。

金石録補崑山葉奕苞，二十七卷，四册〔四〕。

二百蘭亭齋古印考吴雲，二册，印用原印，考則精刊〔五〕。

二百蘭亭齋金石記吴雲，三册，精刊。

秦漢瓦當圖記朱楓，一册，精刊。〔六〕。

話雨樓碑帖目録吴江王楠，四卷，二册〔七〕。

枕經堂金石題跋方朔，一册〔八〕。

至大重修宣和博古圖明覆元本，十册〔九〕。

聖賢遺像二册，明刊〔一〇〕。

先賢聖賢先儒像贊集唐宋元明名人作贊刻像後，明刊〔一一〕，共一册〔一二〕。

古聖賢像傳略長洲顧沅，十六卷，六册〔一三〕。

吴郡名賢圖傳贊顧沅，二十卷，五册〔一四〕。

法書要録唐張念遠，十卷，二册，汲古閣本〔一五〕。

廣川書跋宋董逌，十卷，一册，汲古閣本〔一六〕。

鐵網珊瑚吴郡朱存理，《書品》十卷，《畫品》六卷，十册，初印〔一七〕。

畫禪室隨筆明董其昌，四卷，二册〔一八〕。

乾隆御製三希堂石渠寶笈法帖釋文十五卷，四册〔一九〕。

庚子銷夏記孫退谷，八卷，二册，精刊，佳印〔二〇〕。

江邨消夏記高士奇，三卷，三册，初印〔二一〕。

閣帖考證王澍，十二卷，二册，藕花居精刊初印〔二二〕。

觀妙齋無聲詩史一册〔二三〕。

南薰殿圖像考胡敬，二卷，一册〔二四〕。

國朝畫院録胡敬，一册〔二五〕。

惜抱軒法帖題跋姚鼐，一卷，一册〔二六〕。

泛槎圖題咏三殘帙〔二七〕。

虞夏贖金釋文劉師陸，一册，精刊〔二八〕。

廣東鄉試録一〔二九〕。

嘯堂集古録宋王俅子弁，宋淳熙本，潢雲山人舊藏，四册。

竹雲題跋王澍，四卷，附朱笠《金粟逸事》一卷。又《虚舟題跋》十卷。金壇王澍，沈芥舟手書精刊，共六册〔三〇〕。

隨軒金石文字上海徐渭仁，四册，精刊初印〔三一〕。

無聲詩史姜紹書，七卷，一册，舊鈔〔三二〕。

裝潢志淮海周家胄，一册，精刊初印。

百將圖傳二卷，二册。

寶刻叢編宋陳思，二十卷，八册，舊鈔本〔三三〕。

金石録宋趙明誠，三十卷，四册，舊抄。

兩罍軒彝器圖釋吴雲，十二卷，四册〔三四〕。

江寧金石記嚴觀，八卷。江寧金石待訪目二卷。共一册。備爲梁石記稿本〔三五〕，手批頗多。

石刻鈎本湖州丁氏刊，翁子文贈，四册。

十二硯齋金石過眼録汪鋆輯，十六卷，四册。

〔一〕《影山》後多：「《敬吾心齋識篆圖》二册，朱善旂建卿集，戊申朱之榛石印。在百廿六號。」按「齋」當爲「室」。

〔二〕《影山》後多：「又朱右甫稿本三册，石印。」

〔三〕《影山》後有：「《金石契》四册，附《石鼓釋文》一册，海鹽張燕昌，劉世珩新刊。」

〔四〕《影山》後有：「《金石圖説》四卷，四册，牛運震集説，劉世珩新刊。」

〔五〕《影山》後有：「又《彝器圖識》四册，可共一函。」又有：「楚生索去：宋大字本《家語》十卷，劉世珩新刊；《二妙集》，明吴應箕、劉城，聚卿新刊。」

〔六〕《影山》此條多「批面」二字。此條後又有：「《古玉圖譜》一百册，十六本，宋龍大淵奉敕編，江邗本。入四號。」

〔七〕《影山》後有：「《古玉圖考》二册，吴大澂移入百十五號。」

〔八〕《影山》後有：「《攀古樓彝器圖識》四册，潘祖蔭。」

〔九〕《影山》後有：「《恒軒所見〔所〕藏吉金録》二册；《説文古籀補》十四卷附一卷，吴大澂二册。原刻一部，石印一部。入百十五號。」

〔一〇〕《影山》後有：「《敬吾心齋彝器款識》，朱善旂建卿集，二大册，光緒戊申石印。《積古齋鐘鼎識》，朱右甫稿本四卷附一卷，三册，石印。」

〔一一〕《行篋》無「刊」字，據《影山》補。

〔一二〕《影山》後有：「《古器具名》二卷附一卷，明胡文焕刊，四册，《格致叢書》本。」

〔一三〕《影山》後有：「《事物紀原》，宋高承撰，二十卷，《格致》本，校宋本，十六册。入九十九號箱。」

〔一四〕《影山》後有：「《西清古鑑》，全部十二厚册，石印。入百十四號。」

〔一五〕《影山》後有：「《求古吉金圖》四册，歙陳涇。入百十五號。」

〔一六〕《影山》後有：「《兩浙金石志》，八百十五號。」

〔一七〕《影山》後有：「《金石屑》四册，鮑少筠刻。入百十九號。」

〔一八〕《影山》後有：「《兩漢金石記》，翁方綱，十二卷，八册，初印。入百廿七號。又六册一部。入百十七號。」

〔一九〕《影山》後有：「《小蓬來閣金石文字》，姚復本，鄭贈。入百十八號。」

〔二〇〕《影山》後有：「《法帖釋文考異》，明顧從義，十卷，精刊，一巨册。入百十九號。」

〔二一〕《影山》後有：「《南宋畫院録》八卷，厲鶚二本。在外。《千甓亭古磚圖釋》四册。入四十三號。」

〔二二〕《影山》後有：「《日本金石志》四册，傅雲龍。入十九號。」

〔二三〕《影山》後有：「《續考古圖》五卷，附《釋》一卷，宋人撰，近陸氏刊，二册。」

〔二四〕《影山》後有：「《長安獲古編》二卷，《續》一卷，劉熙海，丁未□□買，五兩，二册一函。」

〔二五〕《影山》後有：「《陶説》，朱琰桐川。〔六〕卷二册，抄本。《景德鎮陶録》，藍浦，十卷四册。」

〔二六〕《影山》後有：「《東中郎司馬印》等一册，光緒己酉。」

〔二七〕《影山》後有：「《鐵雲藏陶》，百四十五頁，裝三册；又《泥封》四十三頁，裝一册；《鐵雲藏龜》二百七十二頁，裝六册。共□□十册，己酉十二月小農蘇買。」

〔二八〕《行篋》注：「移置百二號。」《影山》注：「移置百十二號。」《影山》後有：「《寶盤銘釋文》一册，即《虢季子盤》，詩詞附。《卜硯集》一册，附謝文節硯題詩等。《桃花泉棋譜》，還功臣。」

〔二九〕《影山》後有：「《西清古鑑》，在百十四號，石印。《佩文齋書畫譜》，在八十九號，石印。《香祖筆記》，四〔册〕，《池北偶談》八册，石印。入百零六號。」

〔三〇〕《影山》後有：「《懷米山房石刻吉金圖》，初印，絶精，二裱册，在外。《遺篋録》，梁溪秦氏録古泉，凡八卷，均分上下，四册，在外。」

〔三一〕《影山》後有：「《郎潛紀聞》，初、二、三集，一函，十册。在外。」

〔三二〕《影山》後有：「《昭代名人尺牘續集》，廿四册，宣統辛亥陽湖陶氏石印，在外。」

〔三三〕《影山》後有：「中夾校條一。」

〔三四〕《行篋》脱「四册」二字，據《影山》補。

〔三五〕《影山》作：「此係備爲梁石記稿本。」

十六號

古文苑孫巨源，九卷，孫星衍覆宋淳熙本，一册，初印。

文選李善注胡克家覆宋淳熙本，十二册，初印。

唐文粹吴興姚鉉纂，明嘉靖五年晋藩刊，二十册。

唐文粹補遺吴江郭麐，二十六卷，二册。

唐文粹删明張溥，十卷，明刊，五册。

宋文鑑宋吕祖謙奉敕編，十四册，元缺五十五至六十二，又百十三至百五十，仍缺百二十三下半至廿四二卷，明晋藩刊〔一〕。

元文類元蘇天爵編，八册，王守誠校刊。

金文雅秀水莊仲方，六册，十六卷。

皇明文徵明何喬遠，三十二册，明刊。

明文授讀黄宗羲選，三十册，六十二卷。

儲欣録柳河東文二册。　孫可之李習一册。　又六一文三册。

沈德潛選唐宋八大家文三十卷，十二册。

二蘇文鈔茅麓門評抄，六册。

〔一〕《影山》後有「批面」二字。

十七號

玉臺新咏陳徐孝穆，十卷，二册，祝豐齋精刊。

玉臺新咏箋注吴江吴兆宜注，長州陳琰删補，二册，精刊。

唐人選唐詩《御覽詩》，令狐楚，一卷；《篋中集》，元結，一卷；《國秀集》，芮挺章，三卷；《河嶽英靈集》，殷璠，三卷，手校用宋本；《中興間氣集》，高仲武，三卷；《搜玉小集》，一卷；《才調集》，韋穀，十卷；《極玄集》，姚合，二卷。共十二册，汲古閣初印。

六朝詩集明薛應旂刊本。梁武帝、梁簡文、梁宣帝、梁元帝、周明帝、陳後主、隋煬帝、曹子建、阮嗣宗、嵇叔夜、陸士衡、謝康樂、謝惠連、謝宣城、江文通、鮑明遠、劉孝綽、劉孝威、沈休文、何水部、陰常侍、王子淵、庾開府，共二十三家，十二册。

樂府詩集宋郭茂倩，一百卷，十六册，汲古閣初印。

唐七律選毛奇齡，四卷，一册。

唐人試帖毛奇齡，四卷，一册。

五七言古詩選王士禛，三十二卷，七册，金陵書局初印。

五七言今體詩選姚鼐，十九卷，五册，金陵書局初印。

康熙御選唐詩十五册，殿板。

唐十二家集明刊本。王子安、楊盈川、盧昇之、杜必簡、沈雲卿、宋延清、駱賓王、陳（白）〔伯〕玉、高達夫、王右丞、孟襄陽、岑嘉州，八册。

唐二十六家詩六册，明刊本。李嶠、蘇廷碩、虞世南、許敬宗、崔顥、崔曙、祖詠、常建、皇甫冉、皇甫曾、權德輿、李益、司空曙、嚴維、顧況、韓翃、武元衡、李嘉祐、秦隱君、郎士元、包何、包佶、耿湋。

唐五言長律鈔許應藻，四卷，二册。

西崑集佳紙，舊鈔，一册。

古詩紀明馮惟訥，五十四卷，二十二册，明刊。

注解選唐詩宋謝(仿)〔枋〕得，五卷，一册。

後村唐宋千家詩選二册，殘。此書原係殘本，曹楝亭刊之。

唐百家詩選王荆公，二十卷，四册，宋犖刻。

張曲江集唐張九齡，二卷，一册，明刊。

才調集韋縠集，一卷，四册。

唐詩選明李攀龍，七卷，四册，明刊。

十種唐詩選、唐賢三昧集共四册，王士禛。

唐詩鼓吹元郝天挺注，廖文炳解，十卷，四册。

榕村詩選李光地，九卷，二册，精刊初印。

中州集元好問集，十卷，附樂府一卷，十册，汲古閣初印。

瀛奎律髓宋方回，四十九卷，六册，精刊初印。

西崑酬唱集楊億，二卷，一册，精刊初印。

唐宋三婦人詩魚玄機、薛濤、楊太后，一册，精刊佳印。

十八號

宋詩鈔吴之振，二十册。

宋百家詩選嘉善曹庭棟，二十卷，二十册。

南宋詩選江都陸鍾輝，十二卷，四册。

全金詩金元好問，原本，郭元釪補輯，七十四卷，十六册，初印。

明詩綜朱彝尊，一百卷，二十册，缺六十四至七十六，九十三至一百。又一册，家間舊讀本，携出，卷廿九至卅三，此一册。

皇元風雅虞集，前後集，共十二卷，二册，舊鈔〔一〕。

元詩選顧嗣立俠君，分十集，三十六册，初印。

元詩選顧奎光，六卷，四册。

金詩選顧奎光，四卷，一册。

列朝詩集錢謙益，分五集，十二册。

宋十五家詩選陳訏，八册。

〔一〕《影山》後多「手批」二字。

十九號〔一〕

宋撫州本禮記鄭注張敦仁重刊，六册，初印，十六卷。

禮記釋文陸德明，一册，通志堂覆宋撫州本，初印，手校。

儀禮十七卷，二册，通志堂本。

爾雅注疏一册，缺一至五卷，明修元刊本〔二〕。

周禮注疏賈公彦等奉敕，四十二卷，十册，正德修宋十行本，批面。

儀禮注疏鄭注，賈公彦等疏，明刊。

儀禮喪服足徵記程瑶田，八卷，一册。

儀禮鄭注句讀濟陽張爾岐句讀，六册。

讀禮通考徐乾學，百二十卷，三十册，初印。

禮經釋例歙凌廷堪次仲，十三，卷八册。

周官禮注鄭注，十册。

禮記集説陳澔，三十卷，二十册，明復元本，世少行本，四庫亦未見〔三〕。

〔一〕《行篋》本號中《儀禮》、《爾雅注疏》、《儀禮喪服足徵記》、《儀禮鄭注句讀》、《讀禮通考》、《周官禮注》上加硃圈，並批注云：「硃圈六種多蛀損。」《影山》則於《宋撫州本禮記鄭注》、《周禮注疏》、

《儀禮注疏》、《禮經釋例》、《禮記集説》加圈，眉批云：「此箱末圈者多蛀壞，可惜。」

〔二〕《影山》後多「批面」二字。

〔三〕《影山》此條作：「陳澔，三十卷，二十册，明刊。」後又補有：「《春樹齋叢書》四册。《日本金石志》四册。《雪鴻堂集》四册。《孫文恭全書》八册，宣統孫氏石印本，在外。《論語正義》六册。《輶軒語·書目問答》三册。《毛詩古音考》。《惜抱軒遺書》四册。《屈宋古音義》二册。《初唐四傑文集》三册。」

二十號

周易古占法程迥，二卷，一册，明刊。

周易口訣義唐史徵，六卷，一册。

周易集解唐李鼎祚，十八卷，附《釋文》，六册，雅語堂綿紙初印。

鄭氏易王應麟撰集，三卷，惠棟增補。**易乾鑿度**鄭氏注。共一册，雅雨堂仿宋綿紙初印。

三禮圖聶崇義，二十卷，一册，成德仿宋初印〔一〕。

儀禮注鄭氏，十七卷，附《校議》，二册，黄丕烈仿宋嚴州本初印。又《校議》一册，初印。

儀禮注唐賈公彦，五十卷，六册，汪士鐘仿宋景德本，初印。

禮記鄭注附陸德明釋文，共八册，張敦仁仿宋撫州本，初印。手校《釋文》。

周禮鄭注十二卷，四册，士禮居仿宋初印。

九經三傳沿革例宋岳珂，一卷，揚州汪氏仿宋佳紙，一册，初印。

漢上易傳宋朱震集傳，十一卷，附《圖》三卷，《易叢説》一卷，十二册，舊仿宋佳紙初印。

春秋左傳杜注十五册，明覆岳本。

關子明易傳趙蕤注，一卷。麻衣道者正易心法宋本。共一册。

元包經傳後周衛元嵩述，唐蘇元明傳，五卷。元包數總義蜀張行成，二卷。宋本。共一册。

篆文七經《易》、《書》、《詩》、《春秋》、《周禮》、《儀禮》、《四書》，三十册，内板初印。相傳爲王澍手書。

〔一〕《影山》後有：「《三禮圖》因箱滿移置二十四號。」

二十一號

封氏聞見録唐封演，十卷（手校，中有跋），一册，隆慶仿宋鈔。又十卷，一册，雅雨堂初印，手校，首有跋。

洛陽伽藍記魏楊衒之，五卷，一册，真意堂聚珍。

兼明書唐邱光庭，五卷，一册，真意堂。

山海經郝懿行注，十八卷，附《圖贊》、《訂譌》各一卷，二册。

新序劉向，十卷，二册，墨口本。

老子翼明焦竑，三卷，一册，明刊。

莊子翼明焦竑，八卷，三册，明刊。

三統術衍錢大昕，三卷，附《術鈐》，一册，初印。

孫子十家注十三卷，二册，明精刊精印。

鬻子周鬻熊，唐逄行珪注，一卷。尹文子周尹文，一卷。公孫龍子周公孫龍，宋謝希深注，一卷。慎子周慎到，一卷。**人物志**魏劉邵，涼劉炳注，三卷。共一册。守山閣初印。批面。

一切經音義唐釋元應，十六卷，三册，莊錢孫同校刊本。

古今人表一册，内板《漢書》本。

正學編吴縣潘世恩輯，八卷。

聯邦志略馬邦畢禮遮邑禆文治撰，二卷，一册。

蠡言高密李貽經，四卷，一册。

庸吏庸言南豐劉衡，附《庸吏餘談》、《蜀僚問答》各一卷，又附《行述雜稿》一卷，四册。

聖諭廣訓一册，精刊大字本。

嘉慶御製全韻詩一册，内本，善書，精刊印。

三儒類要薛瑄、陳獻章、王守仁，明徐用檢編，五卷，共一册。

李虚中命書三卷。**珞琭子三命消息賦**宋徐子平，二卷。**珞琭子賦注**宋釋曇瑩，二卷。共一册。

天步真元西洋穆尼閣，三卷，一册。

脈經晋王叔和，十卷。

難經集注明王思九等輯，五卷，一册。

續世説宋孔平仲，十二卷，一册。

明皇雜録唐鄭處誨，二卷。大唐傳載一卷，失名。東齋記事宋范鎮，五卷。共一册。

玉壺野史宋釋文瑩，十卷，一册。以上十一種並守山閣初印。

棠陰比事宋桂萬榮，十卷，一册。又一册。

命度盤説二册，金陵陶淑，二卷，附《數表》一卷。

武經真解明劉寅解，《孫武子》三卷、《吴子》二卷、《司馬法》三卷、《唐太宗李衛公問對》三卷、《尉繚子》五卷、《黄石公三略》三卷、《六韜》六卷，二册〔一〕。

御撰唐六典四册，李林甫等注，三十卷，紹興本。

世説新語六册，宋王義慶，梁劉孝標注，六卷，明刊套板。

洛陽牡丹記歐陽修，一卷。揚州芍藥譜宋王觀，一卷。范村梅譜宋范成大，一卷。菌譜宋陳仁玉，一卷。子華子失名，二卷。化書南唐譚峭，六卷。

六朝事迹類編一册，宋張敦頤，二卷，明吴琯刊本《古今逸史》之一，手校。

資暇集唐李匡乂，三卷。靖康緗素雜記宋黄朝英，十卷。共一册，《墨海金壺》本。

〔一〕二册：《影山》作「五册」。

二十二號

吕氏家塾讀詩記六册，缺廿一卷至末卅二卷，宋本。

音分古義戴煦，二卷，一册，鈔本。

樂通明人撰，失名，三卷，一册，舊抄，查初白、朱竹垞舊藏。

儀禮一册，舊鈔。

禮記解詁漢盧氏，一卷，一册。

音論顧炎武，三卷，一册。

古今韻準朱駿聲，一册，抄。

班馬字類婁機，五卷，二册，明刊初印。

方言注漢揚雄紀，晋郭璞注，十三卷，二册，抱經堂初印。

爾雅郭注一册，顧千里仿宋初印。

孟子正義焦循，《皇清經解》本，八册。

禹貢錐指德清胡渭，二十卷，初印，八册。

尚書疏證太原閻若璩，八卷，附朱子《古文書疑》一卷，朱續晫精刊初印，四册。

伏生尚書大傳鄭注四卷，附《鄭司農集》一卷，雅雨堂初印，一册。　又一册。

尚書考辨宋鑒，四卷，二册。

尚書集注音疏江聲，十二卷，又卷末又附《外編》，篆字本初印，六册。

毛詩注疏鄭注，孔疏，廿四卷，二十册，汲古閣本，嘉慶〔一〕間朱濂𤃩莊精校本。

詩故考異徐華嶽，八册。

孝經一册，揚州書局仿宋。　又手校。

〔一〕《行篋》脱「嘉慶」二字，據《影山》補。

二十三號

後漢書宋范曄撰，唐章懷太子賢注，二百二十卷，二十八册，内本。

梁書唐姚思廉，五十六卷，八册，明南監本。又八册，内本。缺二十一至二十八卷。

南齊書梁蕭子顯，五十九卷，十册，明南監本。

陳書唐姚思廉，三十六卷，四册，明南監本。

舊五代史宋薛居正，一百五十卷，二十四册，内本，缺四十九至六十三共四卷。

二十四號

史記卷一至三十九《晋世家》，十四册，明王刻。又二册，卷一、卷八。内本十二册，卷五十二至百三十。合之尚缺卷四十至五十一，計十二卷，《世家》十一至廿一。

新唐書單紀志表歐陽修，十一册，表闕。

舊唐書劉昫，明聞〔一〕人銓刊，四〔二〕十二册，缺卷用皮紙印岑本配齊。

通鑑元刊一册，殘〔三〕。

〔一〕聞：《行篋》誤爲「文」，據《影山》改。

〔二〕四：《影山》作「三」。

〔三〕《影山》後有：「《廣雅疏證》八册，移七十九號。《三禮圖》一册，聶崇義，二十卷，成德仿宋初印，由貳拾號移來。」又有夾頁：「《龍壁山房集》稿三册，刻二本，九十四號。《針灸大全》二册，百零七號。《畫家姓氏便覽》，百零四號。《宋稗類抄》，百卅號。《揚州畫舫録》四册，百卅號。《黎刊玉篇》二册，《彙刻書目》十册，合五原册，七十號。《簡明目録》五厚册，七十號。《四庫存目書目》六册，十號。《畫史彙傳》十二册，八十九號。《紀元表訪碑録》七册，六十五號。」

二十五號

元至正刊春秋胡傳附録纂疏一册，殘，批面。

春秋左傳杜注三十六卷，十六册，淳熙十行本。缺卷一至十四卷。

左傳附注五卷後録一卷明陸粲撰，一册，刊本。

春秋啖趙二先集傳纂例唐陸淳，十卷，四册。

春秋左傳注疏十三册，十行本，缺首十一卷。

經典釋文陸德明，三十卷，附盧文弨《考證》，十二册，鄂局新刊。

禮記釋通志堂殘本，一册。

公羊傳注何休，三册，揚州汪氏仿宋初印。

春秋釋例杜預，十五卷，六册，孫淵如校刊。

東萊博議吕祖謙，二十五卷，四册。

七緯侯官趙在翰纂次，三十六卷，附《補遺》，六册。

國語吴韋昭解，宋宋庠補音，二十一卷，二册〔一〕。

國語校注汪遠孫，二十一卷，附《考異》四卷，六册，精刊，手校〔二〕。

漢書地理志校本汪遠孫〔三〕，二卷，二册，精刊。

古微書華容孫瑴，三十六卷，三册。

孟子趙注十四卷，二册，初印。

大字五經[四]《易》、《書》、《詩》、《春秋》、《禮記》，八册，明善書精刊，嘉靖庚子衡王樂善子刊[五]。

〔一〕《影山》後有：「《國語補音》二册，宋宋庠，宋本，手校。」

〔二〕《影山》無「手校」二字。

〔三〕遠孫：《行篋》誤爲「孫遠」，據《影山》改。

〔四〕《影山》有眉批：「癸酉十二月廿四，洪琴西借去。」後圈去。

〔五〕《影山》後有：「伴讀臣周必誠謄，半頁八行，行十四字。」

二十六號[一]

晏子春秋吴鼒，八卷，四册，仿元本，初印。

韓非子二十卷，附顧廣圻《識誤》三卷，三册，吴鼒仿乾道本初印。

孫子十家注十三卷，附鄭友賢《孫子十家注遺説》一卷，二册，孫星衍校刊[二]。

呂氏春秋高誘注，二十六卷，明雲間宋邦乂等校刊，王世貞序，莫是龍書，又萬曆己卯維揚資政左室刊本。

鬼谷子梁陶弘景注，三卷，二册。

春秋繁露漢董仲舒，十七卷〔三〕，二册，明陳榮刊。

賈子梁賈誼，十卷〔四〕，三册，抱經堂初印。　**又**明刊吴沈小宛讀本。

論衡漢王充，三十三卷，六册，明刊。

淮南子漢高誘注，二十卷，二册，莊逵吉校刊。

淮南天文訓補注漢許慎，錢塘綴述，二卷，二册，

抱朴子七十卷，二册，孫星衍校刊。

文子纘義宋杜道堅，十二卷，一册，聚珍。

孔叢子漢孔鮒，三卷，三〔五〕册。

博物志晋張華，十卷，補二卷，二册。

鹽鐵論漢桓寬，十卷，附張敦仁《考證》一卷，首附朱子《陰符經考異》，四册，張敦仁精刊。

算經十書〔六〕漢趙君卿注《周髀》，宋李籍《周髀音義》，魏劉徽注《九章算術》，戴震《九章算術補圖》，宋李籍《九

章音義》，附戴震《策算》，魏劉徽撰並注《九章重差》（即《海島算經》），周甄鸞注《孫子算經》，周甄鸞注《五曹算經》，隋韓延傳本《夏侯陽算經》，周甄鸞注《張邱建算經》，周甄鸞傳本《五經算術》，齊祖沖之《綴術》，唐王孝通撰並注《輯古算經》，漢徐岳《數術記遺》，戴震《句股割圜記》。孔繼涵刊。

月令粹編秦味芸，二十四卷，四册。

刀劍録梁陶弘景，一卷。端硯譜宋人，一卷。歙硯譜一卷。硯史宋米芾，一卷。共一册，舊刊。

老子章義姚鼐章義，二卷，一册。

鶡冠子宋陸佃解，三卷，一册。

讀書雜志高郵王念孫，七十四卷，二十册。

通考紀要二卷，二册，官書。

通考纂要彭蘊璨録，二卷，又《續通》〔七〕。

穆天子傳漢孔鮒，六卷。武帝内傳班固，一卷。飛燕外傳漢伶玄，一卷。共一册，《漢魏叢書》本〔八〕。

元經隋王通經，薛收傳，阮逸注，三册，《漢魏叢書》本。

孔叢子漢孔鮒，二卷，一册，《漢魏叢書》本。

法言漢揚雄，十卷，一册，《漢魏叢書》本。

新序漢劉向，十卷，二册，《漢魏叢書》本。

石經考異二卷。　諸史然疑仁和杭世駿，一卷。共一册。

古本蒙求唐李瀚，三卷，三册，文化三年丙寅九月刊。　文化當是日本年號，俟察〔九〕。

本草摘義二册，舊抄。

老子唐景龍碑本又姚鼐章義本合一册。　又老子章義八册。

删定管（旬）〔荀〕方苞删定，三册。

〔一〕《行篋》下注：「除加『△』者七種尚存，其（於）〔餘〕皆於甲寅八月廿七日失去。」《影山》下注：「此號書於甲寅八月廿七日失去，加『△』者七種尚存。」按該號箱中加「△」者惟《算經十書》、《月令粹編》、《讀書雜志》、《通考纂要》、《石經考異》、《諸史然疑》、《本草摘義》、又《老子章義》數種。

〔二〕《行篋》脱「校刊」二字，據《影山》補。

〔三〕《行篋》脱「十七卷」，據《影山》補。

〔四〕卷：《行篋》誤作「册」，據《影山》改。

〔五〕三：《影山》作「二」。

〔六〕《影山》旁添「八册」。

〔七〕又續通：《影山》作「又《續通考纂要》二卷」。

〔八〕《影山》本條至《新序》六種，皆無「漢魏叢書本」五字，而於《新序》後注：「上六種《漢魏叢書》本。」

〔九〕後又墨筆注：「察日本年表，文化三年當大清嘉慶十一年。」

二十七號

道德經集解明馬自乾。參同契注魏伯陽祖師著，馬自乾注，共一册，明刊。

真誥陶弘景，二十卷，二册。

悟真篇集注紫陽真人著，馬自乾注，一册。

真靈位業圖陶弘景。佛國記（來）（宋）釋法顯。共一册。

冥通記梁陶弘景，四卷，一册。

一切經音義沙門元應，二十五卷，四册，莊錢孫同校刊，初印。

雲笈七籤宋張君房輯，百二十二卷，二十四册。

華嚴經音義唐沙門慧苑，二卷，一册，徐賣善校，精刊初印。

弘明集梁釋僧佑，十四卷，三册，明刊。

翻譯名義集宋周敦義，二十卷，八册，舊鈔。

佛爾雅海昌周春，八卷，一册。

天台教儀集注沙門蒙潤，十册，明刊初印，舊精校本。

華嚴子母一册。

附協紀辨方書乾隆欽定，三十六卷，十二册，内板。

法苑珠林唐釋道世，二百卷，三十二册，初印。

楞嚴咒小册，一。

二十八號

東華録蔣良騏，三十二卷，十四册。

聖武記邵陽魏源，十四卷，十册。

孔子編年宋胡仔元任，四卷，一册。

孔子編年狄子奇，四卷，一册。

孟子編年狄子奇，四卷，一册。

孟子時事考徵陳寶泉，四卷，一册。

守蒙紀略黄平賀緒蕃，一卷，一册。

勝朝殉節諸臣録乾隆敕撰，二十卷，四册。

貳臣傳十二卷，五册。

逆臣傳四卷，一册。

金華正學編四册。

疇人傳阮元，四十六卷。又甘泉羅士琳《續補》四十七至五十二，凡六卷。十二册。

西漢儒林傳經表新安周廷寀，二卷，一册。

瀛州筆談阮亨，十二卷，六册。

清秘述聞法式善，十六卷，四册。

長者録丁蓮侶，八卷，二册。

昭代名人尺牘小傳吴修，二册。

國朝先正事略李元度，六十卷，二十四册。

吴中平寇記錢勖，八卷，二册。

逆黨禍蜀記汪堃，一册。

闡義吴肅公，二十二卷，一册。

吾學録吴榮光，二十四卷，八册。

丁祭禮樂備考瀏陽邱之稑，三卷，一册。

律音彙考邱之稑，八卷，四册。

金華正學編張祖年，八卷，四册。

文廟丁祭譜一册，蘇局刊本。

二十九號

二程全書朱子編，二十五卷，十二册。

朱子遺書一集六册。《近思録》《延平問答》《雜學辨》《中庸輯略》《論孟或問》《伊洛淵源録》《謝上蔡語録》。

朱子語類一百四十卷，二十四册。

近思録江注江永，十四卷，二册，江西刊，初印。

小學陳注明陳選，二卷，二册，明刊。

朱子大全集一百卷，二十六册。　又續别集四册。

朱子文集纂陳鎰，三十二卷，二册。

韋齋集新安朱松，十二卷，附《玉瀾集》一卷，二册。

朱子年譜王（竑懋）〔懋竑〕，四卷，《考異》四卷，《附録》二卷，八册。

附孟子要略劉傳瑩，五卷，一册。

伊洛淵源録朱子，十四卷。　並續録明謝鐸，六卷。三册，明復元刊。

近思録集解宋建安葉采，二册，明刊。

三十號

家語十卷，四册，後附《孝經》一卷，明精刊精印。

家語疏證仁和孫志祖，六卷，一册。

正蒙注張横渠著，李安溪注，一册，精刊精印。

二程粹言二册，舊抄。

黄氏日鈔附紀要元黄震，一百卷，三十二册，汪佩鍔復至元本。

近思録張注張伯行，十四卷，六册。

先聖大訓宋楊簡輯，六册，明刊，大字。

學蔀通辨明陳建，九卷，二册。

人譜類記方願瑛輯，一册。

四書反身録李中孚，四册。

馮子節要新安洪琮，十四卷，一册。

性理集解張伯行，四卷，四册。

爲人録章秉法編，二卷，二册。

雙節堂庸訓二册。

陳北溪字義宋陳宓，一册。

弟子箴言胡達源，十六卷，四册。

閒家編黔南王士俊輯，八卷，四册。

蓄德録震澤席啟圖，二十卷，十册。

童蒙訓宋吕本中，三卷。　慎言集訓清江敖英，二卷。　温氏母訓明温璜，一卷。共一册。

松楊鈔存陸隴其，二卷。　張楊園年譜桐城蘇惇元編，一卷。共一册。

四禮初稿明宋纁，四卷，附吕維祺《四禮約言》四卷，一册。

存古約言明吕維祺，六卷，一册。

書紳録紀一奎，一卷，一册。

修省格言程沅輯。

安居録要王壽康，一卷，一册。

濂洛關閩六先生傳羅惇衍，一卷，一册。

明儒學案黄宗羲輯，一百二十卷，十六册，莫晉、莫階校刊。

蘇魏公譚訓宋蘇頌，十卷，一册。

正學編潘世恩，一卷。　子史粹言丁晏，二卷。　箴銘録要、儒學入門倪元坦，各一卷。合一册。

温公家範宋司馬光，十卷，十八世孫露、十九世孫某某等校刊，二册，手校，細。　又一册，十卷，朱軾刊。

伊洛淵源録宋朱子，十四卷，六册，元至正癸未蘇天爵刊。

三十一號

御製避暑山莊詩[一]高宗，四册。

御製全韻詩仁宗，一册。

御製文仁宗，二卷，一册。

湯子遺書湯斌，十卷，八册。

午亭文鈔陳廷敬，五卷，十六册，林佶書精刊。

施愚山全集施閏章，《文》二十八卷，《詩》五十卷，《詩話》二卷，《雜著》二卷，共二十册。

錢牧齋初學集二十卷。有學集十四卷。共四册。錢曾注〔二〕。

魏伯子文集魏際瑞善伯，十卷。

魏叔子文集魏禧冰叔，二十二卷，《目録》三卷、《詩集》八卷、《文集外編》一卷，二十四册。

魏季子集魏禮公和，十六卷，十二册。

魏興士文集寧都魏世傑，八卷，八册。

田間詩集錢澄之，一卷，一册，鈔本。

邵子湘全集思陵邵長衡，《篋稿詩文》十六卷，《旅稿詩文》六卷，《賸稿詩文》八卷，共八册。

怡山文集青州趙執信，十二卷，四册，精刊〔三〕。

張船山詩注張問陶詩，李岑注，二十卷，十六册。

〔一〕《影山》前有：「《御製文二集》十二册，高宗，四十卷。」墨筆勾去，下注：「送馮竹翁。」

〔二〕《影山》後有勾去文字：「《壯悔堂文集》十卷，《四憶堂詩集》六卷，六册，侯方域，四蓮齋刊，宋牧仲犖修正。英二元。」

〔三〕《影山》後有勾去文字：「《安雅堂文集》，二卷，二册。《詩集》，一卷，一册。《安雅堂未刊稿》四册，萊陽宋琬，八卷。英二元七角。」

三十二號〔一〕

石笥山房文集六卷。詩集十二卷。山陰胡天游，八册。

二希堂文集（祭）〔蔡〕世遠聞之，十一卷，六册。

楊氏全書楊名時，三十六卷，八册。

鮚埼亭集鄞全祖望，三十八卷，又《經史問答》十卷，十册。

清白士集梁玉繩，《誌銘廣例》二卷，《瞥記》七卷，《蜕稿》四卷，《人表考》九卷，《吕子校補》二卷，《元號略》四卷，共廿八卷〔二〕，八册。

研六室文鈔績溪胡培翬，十卷，四册。

鑑止水齋集德清許宗彥，二十卷，附《梁恭人德醇詩》一册，四册。

葦間詩集慈溪姜宸〔三〕英，五卷，一册。

黄勤敏公年譜黄鉞，其子富民編，一卷，一册。

壹齋集黄鉞，四十卷，十册。

揅經室集阮元，分四集，共四十卷，二十册。

鄭板橋集鄭燮，六卷，一册。

陳文恭公手札節存桂林陳宏謀，三卷，三册。

冬心先生集錢塘金農，四卷，一册。

校禮堂文集淩廷堪次仲，三十六卷，十四册。

蔗堂未定稿宛平查爲仁，八六集，二册，精刊初印。

桐埜詩集貴陽周起渭，一册，吴門精刊初印。又四卷，一册，黔刊。

史蕉飲詩江都史申義，分四集，十四卷，二册。

思適齋集顧千里，十八卷，四册。

小蒼山房集袁枚，三十二卷，四册。

蠹窗詩集桐城張令儀，十四卷，四册。

雲川閣詩無錫杜詔，八卷，一册，精刊。

潛研堂文集錢大昕，五十卷，十四册。

邗江三百吟甘泉林蘇門，十卷，四册〔四〕。

〔一〕《影山》下注：「别集，國朝。」

〔二〕卷：《行篋》誤作「册」，據《影山》改。

〔三〕宸：《行篋》誤作「震」，據《影山》改。

〔四〕《影山》後有勾去文字：「《思餘堂輯稿》四册，彭元瑞，四卷。《思餘堂經進》初稿十二卷、續稿二十二卷、三稿十一卷；《策問存課》二卷，《知聖道齋讀書跋尾》二卷。共十八册。英十二元。」

三十三號別集、國朝

漁洋山人精華録王士禛，十卷，二册，林佶書，精刊印，批面。

漁洋精華録箋注金榮箋，十二卷，首有《年譜》一卷〔一〕。

敬業〔堂〕集查慎行，五十卷，十册。

望溪全集桐城方苞，《正集》十八卷，《集外文》十卷，《集外文補遺》二卷，《年譜》二卷，共十四册。

述學江都汪中，六卷，一册，汪氏仿宋式，精刊初印。

堯峰文鈔汪琬，四十卷，四册，林佶手書，精刊印。

江辰六集〔二〕貴陽江闓，二十四卷，十二册。

柏梘山房集梅曾亮，三十一卷，六册。

亭林詩集顧炎武，五卷，二册。

兩當軒詩鈔武進黃景仁，十四卷，一册。

茗柯文補、外編武進張惠言，各二卷。

曝書亭集秀水朱彝尊，八十卷，附《笛漁小稿》十卷，八册，善書精刊印。

曝書外稿八卷馮登府編，二册。

曝書亭詩江皓然箋，十二卷，六册，善刊。

田間詩集錢澄之，二十八卷，六册。

惜抱軒文集十六卷。　詩集十卷。　姚鼐。　四册。

惜抱軒後集姚鼐，十卷，一册。

惜抱先生年譜鄭福照輯，一册。

新安二布衣詩吴兆非熊、程嘉燧孟陽，共八册。

石臼前集九卷。　後集七卷。　高淳邢昉孟貞，共六册。

初白庵詩評〔三〕三卷，查。　詞綜偶評許昂霄，一卷，精刊，批面。

邵位西遺文邵懿辰，一册。

微尚齋初集馮志沂，一册。

移芝室文一册。亂定草一册。楊彝珍。

甘泉鄉人稿錢泰吉，二十四卷，附《校書譜》一卷，五册。又《年譜》一册。

定盦初集三卷。續集四卷。仁和龔自珍，三册。

集虛齋古文方桼如，十二卷，四册。

澗東詩鈔新化歐陽紹洛，十卷，一册。

柈湖詩七卷。文八卷。巴陵吴敏樹，八册。

嵇庵文梅植之，二卷，一册，中有《唐田氏二誌考》。

曾文正公文鈔二本〔四〕。

劉海峰文、詩集國朝桐城劉大櫆，文十卷，詩六卷，八册，同治甲戌安徽刊涂宗亮重編本。

巢林集汪士慎，七卷，二册。

亭林餘集顧炎武，一卷，一册，未定〔五〕。

〔一〕《影山》後有「夾片」二字。

〔二〕《影山》有眉批：「甲申六月寄小山。」

〔三〕《影山》有眉批:「李眉翁借。」後圈去。

〔四〕《影山》後注:「堡取閱。」

〔五〕《影山》後有勾去文字:「《述學》附詩,一函二册。《廣陵通典》,一函三册。綿紙初印本。」

三十四號

楚辭蔣驥注,七卷,附驥《餘論》二卷、《説韻》一卷,二册,精刊印。**又**王逸注,十七卷,四册〔一〕。

莊屈合詁錢澄之,四册。

楚辭朱子《集注》八卷,《附覽》、《辨證》各二〔二〕卷,明蔣之翹《後語》八卷,二册,明蔣之翹刊。**又**屈復《集注》,八卷,四册,佳刊。

司馬長卿集漢〔司〕馬相如,一卷,一册,明刊〔三〕。

曹子建集魏曹植,十卷,二册,舊精刊大字本,明冒辟疆藏本,批面。

陶淵明集北齊陽休之編,十卷本,附宋吴仁傑編《年譜》,一册,汲古閣本,批面。**又**明精刊十卷本,有注,一册。**又**二册,東坡手寫本。

謝宣城集南齊謝脁，六卷，一册，明刊。

陳伯玉集十卷，二册，楊澄校刊，弘治本。

王勃、楊炯、盧照鄰、駱賓王、杜審言、沈雲卿、宋之問、孟浩然集共四册，明刊。

王右丞集唐王維，趙殿臣箋注，二十八卷，附一卷，八册，初印。

蔡中郎集漢蔡邕，二卷，一册，明張溥刊。　又六卷，四册，明楊賢刊，佳，校目。

琴操蔡邕，二卷，一册，平津館本，後有《穆天子傳》、《竹書紀年》二種。

顔光禄集宋顔之推，一卷，一册，明張溥刊。

劉越石集晉劉琨，一卷。　郭弘農集晉郭璞，二卷。共一册，明張溥刊。

謝宣城集齊謝脁，五卷，一册。　又六卷，一册，康熙丁亥郭威釗刊。

陸士衡集〔四〕晉吴郡陸機，十卷，一册，明汪士賢校刊。

漢劉子駿歆、馮敬通衍、班固蘭臺集各一卷，共一册，明張溥刊。

晉孫馮翌楚、摯太常虞集各一卷，共一册，明張溥刊。

徐孝穆集晉徐陵，吴兆宜箋注，六卷，四册。

庾子山集晋庾信，倪璠注釋，十六卷，十册。

江文通集江淹，十卷，五册，宋本初印。**又**梁四卷，四册，梁賓仿宋精刊印，校目。

何水部集何遜，一卷，一册，江昉刊，初印。

屈辭精義六卷，四册。**漢樂府三歌**一册。**急就篇**漢史游，一卷，一册。**協律鈎元**四卷，二册，附《外集》，李賀詩也。共八册。四種均江都陳本禮箋注叢刻者。

張曲江文集唐張九齡，二十卷，外《附録》，四册〔五〕。

唐詩各集文皇、玄宗、司馬札、馬戴、羊士諤、杜審言、戴叔倫、虞世南、盧仝、于濆、李嶠、許琳、韓君平、李山甫、貫休、李遠、林寬、項斯、崔顥、殷文珪、張祜、劉兼、陳伯玉、崔曙、嚴武、皎然、李洞、李龔、李頎、劉駕、劉叉、朱慶餘、周賀、邵謁、劉滄、于鵠、李昌符、李益、喬知之、司空曙、秦隱君、嚴維、僧無可、魚玄機、唐求、伍喬、張喬、包何，共十册，明刊。

中晚唐詩紀龔野賢輯，二十四册。

唐李翺集十八卷，二册，明刊，佳印。嘉靖二年三月鄷都黄景夔序刊，增《與開元寺僧書》一首。

曹子建集輯校金陵朱緒曾輯，十卷，附録又《年譜》一卷，朱紹曾輯，四册〔六〕。

陸宣公集唐陸贄，《制誥》十卷，《奏議》十二卷，八册，明六安知州錢士鰲等刊本，大字。

陶淵明集重刊東坡手寫本，二册。　又〔七〕

劉隨州集唐劉長卿，十一卷，三册。

扣彈集杜詔等集，十二卷，續三卷，五册〔八〕，采山堂精刊初印〔九〕。

〔一〕册：《行篋》誤爲「卷」，據《影山》改。

〔二〕二：《行篋》誤爲「八」，據《影山》改。

〔三〕刊：《行篋》脱，據《影山》補。

〔四〕集：《行篋》脱，據《影山》補。

〔五〕《影山》後有：「明成化韶郡精刊佳紙藍印。」

〔六〕《影山》後有：「鈔本手校。」

〔七〕「又」後《行篋》闕。《影山》「又」後有：「自刻巾箱，初印本。綿紙初朱印寬大一部，綿料紙寬大三部，杭連一部，賽連一部。」

〔八〕册：《影山》作「本」。

〔九〕《影山》後有：「《桐埜詩集》五册，五部，每部一厚本。《麟角集》三册。《春秋繁露》二册。」

三十五號

東雅堂韓集四十卷，十六册，東吴徐氏刊本，佳紙印。

昌黎詩集注〔一〕顧嗣立删注，十一卷，二册，秀野草堂刊。　**又**顧嗣立删注，黄越增注證訛，四册，精刊。

韓文年譜吕、程、洪三家撰，七卷。　**柳先生年譜**宋柳集本，一卷，宋（暫）〔槧〕。共一册，陳景雲復宋初印。

通鑑胡注舉正一卷。　**韓集點勘**四卷〔二〕。共一册。

柳河東集〔三〕四十五卷，又《外集》五卷，又《遺文》，六册，明蔣之翹輯注，刊本。

讀韓記疑王元啟，十卷，一册，手有校。

柳先生集柳宗元，四十五卷，四册，明刊。

韓文考異四十卷，外集十卷，十册。　**又**六册，明復宋本。

韓文四十卷，外集十卷，無注。　**柳文**四十三卷，附《别集》、《外集》，無注。共十二册，明御史莫如士精刊印〔四〕。

義山文集六卷，無注，二册，汪金泰精刊印。

李義山文集徐樹穀箋、徐炯章注，十卷，三册，精刊印。

李義山詩集箋注朱鶴齡元注，程夢星删補，首附程夢星編《年譜》，三卷，四册，精刊印。

樊南文集補編錢振倫箋、錢振常注，十二卷，外《附録》及《年譜訂誤》，四册。

玉谿生詩箋注馮浩〔五〕編訂，八卷，首有《年譜》，四册。

樊南文集箋注馮浩〔六〕編訂，八卷，四册。

毘陵集唐獨孤及，二十卷，附《補遺》，四册，初印。

李長吉歌詩唐李賀，王琦彙解，四卷，又卷首，附《外集》，四册。

昌谷集唐李賀，宋朱軾箋注，一册。

文藪唐皮日休，十卷，三册，明許日昌刊。　又十卷，一册，明刊，十一行，行廿字。

杜樊川集唐杜牧，十七卷，六册，明精刊印。　又一册，殘。

五百家注韓集四十卷，十册〔七〕。

三唐人文集皇甫持正六卷，李習之十八卷，孫可之十卷，共四册，汲古閣本。

足本吕衡州集唐吕温，十卷，二册，秦恩復仿宋精刊印。

笠澤叢書唐甫里先生陸龜蒙，四卷，附《補遺》，一册，精刊，佳紙印，雍正辛亥江都陸鍾煊復至元庚辰陸熹原刊本。

顔魯公文集十五卷，四册，明刊，善本。

唐四名家集竇群《聯珠集》一卷，李賀《歌詩集》四卷，杜荀鶴《扶風集》一卷，吴融《唐英歌詩》三卷，汲古閣仿宋精刊印。

唐黄先生集黄滔，八卷，二册，明刊，善。

讒書唐羅隱，五卷，一册。

陸宣公翰苑集奏議有注（元郎曄注），十五卷。**制誥**唐陸贄，十卷，元郎刊本，佳，首有考。**又**三册，明刊。

梁劉勰文心雕龍黄叔琳注，二册，伯兄手録紀文達評點。附

〔一〕《行篋》脱「注」字，據《影山》補。

〔二〕《影山》後有「手校」二字。

〔三〕《影山》眉有勾去文字：「張廉翁借，乙亥七月。」

〔四〕《行篋》脱「印」字，據《影山》補。

〔五〕浩：《行篋》作「皓」，據《影山》改。

〔六〕浩：《行篋》作「皓」，據《影山》改。

〔七〕《影山》後有勾去文字：「麻沙本《注釋音辨柳集》十册，童宗説注釋，張敦頤音辨，潘緯音義，四十三卷，附别、外集，佳印。」

三十六號南宋集

鄱陽集宋洪皓，四卷，附《拾遺》，一册，同治庚午洪氏三瑞堂刊。

李忠定集宋李綱，二十九卷，八册，明左光先等編刊。**又年譜**一册，道光乙丑黄宅中輯刊。

宋黄文肅文集宋，四十卷，十册，康熙四十三年十七世孫浦鉞等刊。

龍川文集宋陳亮，三十卷，又《補遺》、《附録》、《札記》共四卷，十册，同治八年永康應氏刊。

誠齋集殘，約有七十一卷，竹垞有寫本百二十卷，不知何異同。廬陵楊萬里〔一〕，百三十二卷，附録一卷，共十册。

此係舊鈔本，殘缺，現存者卷四十三至六十八，七十一至七十四，七十八至九十六，九十七至百一十，百十二至百十七，百廿九至百卅止，又殘寫本卷四十四至六十。

晞髮集十卷。遺集二卷。宋謝翺。天地間集謝翺，一卷。西臺痛哭記宋謝翺作，張丁注。冬青樹引注謝翺作，張丁注，一卷。共一册，康熙壬午陸大業精刊印。

渭南文集宋陸游，三十八卷，八册，汲古閣初印。又《放翁逸稿》二卷，《家世〔二〕舊聞》一卷，共一册。又十六册。

心史宋鄭思肖，二卷，一册，明崇禎乙卯張國維刊。

崔舍人玉堂類稿二十卷。西垣類稿二卷，又《附録》。宋崔敦詩，共七册，天瀑山人用宋本活字印者，其跋但記丁卯十二月，似是〔三〕日本書。

鄂州小集宋羅願，五卷，二册，明洪武二年十七世孫宣明刊，有宋濂、王禕序。

程洺水集宋程珌，三十卷，六册，明崇禎戊辰裔孫至遠、邇行刊。

宋文丞相集宋文天祥，二十卷，十册，康熙癸丑吉水曾弘刊。

謝疊山文集九卷。詩傳注疏三卷。宋謝枋得，共十二卷，又卷首，共四册，咸豐庚申重修，道光己酉刊本。

杜清獻集宋杜範，二十卷，又卷首，又《附録》，四册，同治庚午吴縣孫氏刊。

建康集宋葉夢得，八卷，又《補遺》，二册，道光二十四年吴中後裔刊。

劉須溪記鈔宋劉辰翁會孟〔四〕，八卷，一册，天啟癸亥楊識西刊。

内簡尺牘宋孫覿，門人李祖堯注，十卷，四册，乾隆中錫山蔡焯等增訂，精刊印。又二册，明刊，佳紙印，嘉靖丁巳年顧名儒刊。序尾有崇禎間胡昭手書跋，昭字鮮知，卷中朱墨校處，亦〔五〕鮮知筆也。

絜齋集宋袁燮，二十四卷，五册，聚珍。

晦庵題跋宋朱熹，三卷，一册，汲古閣本〔六〕。

水心文集宋葉適，二十九卷，六册，明正統十三年黎諒刊，初印。

羅豫章集宋羅從彦，十卷，二册，康熙四十八年張伯行正誼堂刊〔七〕。

繆刻李太白集六册。

茶香室叢鈔三册。

〔一〕《行篋》脱「里」字，據《影山》補。

〔二〕家世：《行篋》誤作「蒙」，《影山》誤倒爲「世家」。

〔三〕似是：《行篋》誤作「是是」，《影山》誤作「似是是」。按該書嘉慶十二年丁卯由日本天瀑山人林衡刊入《佚存叢書》。

〔四〕《行篋》誤乙爲「劉辰會孟翁」，據《影山》改。

〔五〕《行篋》脱「亦」字，據《影山》補。

〔六〕《行篋》脱「本」字，據《影山》補。

〔七〕《影山》後多：「《壺園詩鈔》五册」。無「繆刻李太白集」條。

三十七號

李太白文集〔一〕唐李白，三十卷，無注，六册，繆曰芑仿宋精刊本〔二〕。

杜工部集十册，洪魯軒新仿玉勾草堂本，精。

集千家注杜詩二十卷、文二卷，五册。

李詩補注楊齊賢集注，蕭士斌補注，廿五卷，五册，明許自昌刊。

杜詩本義張綖本義，四卷，一册。

杜工部七律陳之壎注，五卷，一册，精刊印。

杜詩瑣證史炳，二卷，二册。

李太白文集王琦集〔三〕注，三十六卷，十二册。

讀書堂杜詩集注解張縉評注，二十卷，八册，善刊初印。

杜工部詩説黄生，十二卷，四册。

杜詩提要吴瞻泰評選，十四卷，四册，精刊印。

分類補注李太白集楊齊賢注，蕭士斌補注，二十五卷，十册，至元辛卯本。

杜詩鏡詮楊倫編輯，二十卷，首有《年譜》一卷，八册。

杜詩詳注仇兆鰲輯注，二十五卷，十四册。

杜工部集錢謙益箋注，二十卷，六册。

白氏長慶集分七帙，七十一卷，二十册，舊刊，佳〔四〕。

元氏長慶集元（鎮）〔稹〕，六十卷，附明馬調〔元〕輯《補遺》四卷，二册，明刊。

千家注杜集二十卷，附文二卷，六册，明嘉靖丙申玉几山人精刊，大字，佳紙初印。

元次山集唐元結，十二卷，一册，黄又精刊印，手校。

韋蘇州集十卷，一册，明刊。

唐人三家集駱賓王十卷，吕衡州温十卷，李元賓六卷，共四册，秦恩復石研齋覆宋本，精刊印。

殘全唐文柳、杜、劉諸家，八册。

唐人絶句一册。　唐律殘本一册。　細校。

明文翰類選大成本。

〔一〕《行篋》脱「集」字，據《影山》補。

〔二〕《行篋》批注：「乙酉三月淮南書局景匠借備重刊。」《影山》批注：「乙酉三月十四景堂備刻。」

〔三〕集：《影山》作「輯」。

〔四〕「舊刊佳」三字據《影山》補。

三十八號

歐陽文忠集宋歐陽修，百五卷，首有《年譜》，二十册，曾弘刊。

范石湖集宋范（大成）〔成大〕，三十五卷，四冊，精刊印。

東坡詩集注王十朋纂輯，三十二卷，首有王宗稷編年譜，十冊，朱從延精刊印。

梅宛陵詩集宋梅堯臣六十卷，附《拾遺》、《附録》，十二冊，梅鳳枝刊。

蘇詩集成王文誥，四十六卷，二十冊，初印。

山谷内集宋黄庭堅，任淵注，二冊，聚珍讀本。

山谷正集三十卷。　外集十四卷。　山谷别集二十卷。　年譜共八冊，明刊。

山谷刀筆二十卷，六冊，明刊。

山谷别集史季温注，二卷。　外集史容注，十七卷。　共七冊。　又别集二十卷，二冊，明刊，無注。

陳后山詩六卷。　詞一卷。　宋陳師道，二冊，精刊印。　已移入七十號。　又二冊，紀昀編，讀校本。

施注蘇詩宋施元之，四十二卷，首有王宗稷編《年譜》，八冊。

劍南詩集八十五卷。　渭南文集五十卷。　南唐書十八卷。　老學庵筆記十卷。　宋陸游，共三十冊，汲古閣初印。

陳簡齋集宋〔陳〕與義，十六卷，二冊〔二〕。

宋曾幾茶山集八卷，一册，復聚珍〔二〕。

〔二〕《影山》有眉批：「幼誠借。」後圈去。又下注：「讀校本。」

〔三〕《影山》後有：「《韻詁》六册。《昭忠録》，一夾板，附《詔獎賢良帖》一册，《劉松齋先生傳》一册。」

三十九號北宋

傳家集宋司馬光，八十卷，十二册，陳文恭精刊。

徐仲車集宋徐積，三十二卷，附《事實》一卷，二册。

包孝肅集宋包拯，十卷，四册。

晁具茨詩集晁沖之，十五卷，二小册，仿宋精刊印。

司馬温公年譜六卷，二册，明〔刊〕。

傳家集司馬光，明影宋鈔，缺四十八至六十，以夏縣本足之〔一〕，八册，批面。

秦淮海集宋秦觀詩文集，十七卷，《後集》文二卷、詞一卷，六册。

柯山集宋張耒，五十卷，八册，復聚珍，明刊，佳紙初印〔二〕。又六十卷，十二册，缺三、四册及《補遺》下一册，舊抄。

欒城集五十卷。後集二十四卷。三集十卷。應詔集十二卷。宋蘇轍，共十册，明刊。

范文正集宋范仲淹，十二卷，首附樓鑰編《年譜》及毛一鷺《年譜補遺》，六册，明刊，佳紙初印。

范忠宣集宋范純仁，十卷，明刊，大字。

嘉祐集宋蘇洵，二十卷，六册。

韓魏公集宋韓琦，二十卷，六册。

武溪集宋余靖，二十卷，六册。

丹淵集宋文同，四十卷，首附文誠之編《年譜》，尾附《拾遺》二卷，十册，明刊〔三〕。

三孔先生清江文集宋孔文仲、孔武仲、孔平仲，三十卷，五册，影慶元本，舊抄。

東坡文選明閔爾容選，六卷，六册，明精刊套板。

林和靖詩集四卷。省心録一卷，又《附録》。宋林逋，共一册，萬曆四十一年何養純精刊。又詩四卷，二册，朱仲武新刊。

蘇子美集宋蘇舜欽，十六卷，四册，精刊印。

安陽集宋韓琦，五十卷，十六册，善刊。

强祠部集宋强至，三十五卷，八册，聚珍。

游定夫集宋游酢，六卷，附卷首、卷末，二册。　**又**二册〔四〕。

〔一〕足之：《影山》作「補足」。

〔二〕《影山》無「明刊，佳紙初印」六字。

〔三〕《行篋》脱「刊」字，據《影山》補。

〔四〕《影山》後有「《張右史集補遺》，殘本，四册。」眉批：「須取出。」

四十號

文苑英華宋李昉等奉敕編，一千卷，一百一册，隆慶刊本。

文苑英華辨證宋彭叔夏，十卷，二册，聚珍。

四十一號

隋文紀明梅鼎祚輯，八卷，三册，明刊〔一〕。

古文苑九卷，二册，仿淳熙本精刊。

續古文苑孫星衍編，二十卷，四册。

古文苑二十一卷，六册，舊刊本。

三國文紀明梅鼎祚輯，二十四卷，十册，明刊。

漢魏六朝百三家集十二函七十七册，明張溥刊。

晋文歸明鍾惺評次，四册，明刊。

八代詩揆陸奎勛選，自漢迄隋，五卷，二册〔二〕。

〔一〕《影山》前有：「《六臣注文選》二十册，六十卷，庚辰十月送徐仁山，明洪梗刊，佳紙印。」

〔二〕《影山》後有：「《巢經巢集》五種（《經説》一、《儀禮箋》一、《説文逸字》一、《經巢詩》一、《鄭學録》

一)，外《説文逸字》六部六本，已取出。」

四十二號

宋名家詞三十二册，凡六集。缺第十三册二集謝逸《溪堂詞》一卷、毛幵《樵隱詞》一卷、蔣捷《竹山詞》〔一〕一卷，又缺第三十六册六集杜安世《壽域詞》、王千秋《審齋詞》、韓玉《東浦詞》各一卷。《東浦詞》已得，可配入；又有初印《溪堂》、《樵隱》、《竹山〔二〕》三家亦可配入，只少《審齋》、《壽域》二卷。汲古閣本。　一集。　又樂章、東坡、片玉、坦庵、溪堂、石林、樵隱、梅溪、酒邊、白石、書舟、竹山、六一、小山、珠〔玉〕十五家，共四册，汲古初印零本〔三〕。　又一册，克齋、東浦、無佳、後山四家。　又二册，《惜香樂府》十卷，趙長卿，護葉有手筆。均汲古閣零本。

國朝詞雅姚階編，二十四卷，十册。

吟風閣曲譜四卷，又二卷，三册。　又曲二種。

絶妙好詞箋周密原輯，查爲仁、厲鶚箋，七卷，一册，查板，初印。

尊前集顧梧芳選，一册，汲古閣初印。

花庵詞選花庵詞客黄昇選，十卷，四册。

詞綜朱彝尊抄撮，三十卷，四册。

詞律萬樹論次，二十卷，四册。

詞律校勘記杜文瀾，二卷，二册。

迦陵詞陳維（松）〔崧〕，三十卷，四册。

和漱玉詞女士許悳蘋，一册。

竹垞詞朱彝尊，七卷，一册。

姜堯章集十卷，二册。

辛稼軒長短句宋辛棄疾，十二卷，嘉靖中歷城王詔校刊本，佳紙印，朱竹垞舊藏，敕先用元刊大字行書本校。

香草居詞李符，七卷，一册，精刊。

周之琦詞五卷，一册，精刊。

釣磯立談史虚白。　鬼簿録鍾嗣成，二卷。　糖霜譜王灼。　梅苑十卷。　共二册，曹楝亭精刊。

詞學叢書宋曾慥《樂府雅詞》三卷、《拾遺》二卷；宋趙聞禮《陽春白雪》八卷、《外集》一卷；宋張炎《詞源》二卷，宋陳允平《日湖漁唱》一卷，《補遺》、《續補遺》各一卷；《元草〔堂〕詩餘〔四〕》三卷，鳳林書院本；《詞林韻釋》一卷，菉斐軒本。

自怡軒詞選許寶善選，二册。

清淮詞湯成烈，一册。

采香詞杜文瀾，一册。

南宋雜事詩沈嘉轍等七人，七卷，二册，精刊。

楊升（安）〔庵〕長短句四卷，四册，附楊升庵夫人《樂府詞餘》五卷。

宋范成大石湖詞、王沂孫花外集各一卷，知不足本。

山中白雲〔詞〕元張炎，八卷，一册，讀本。

吴夢窗甲乙丙丁稿一册，宋吴文英，四卷，附《補遺》、《續補》，咸豐辛酉曼陀羅花閣刊。

草窗詞宋周密，二卷，附補，一册，咸豐辛酉曼陀刊。

詞源宋張炎玉田編，二卷，一册，嘉慶庚午奏恩復照元鈔本精刊。

日湖漁唱宋陳允平，一卷，附《補遺》、《續補遺》，仿宋本〔五〕。

〔一〕《行篋》此處衍「隱」字，據《影山》删。
〔二〕《行篋》脱「山」字，據《影山》補。
〔三〕《影山》作：「汲古初印零本。」
〔四〕《行篋》誤作「餘詩」，據《影山》改。
〔五〕《影山》後有：「《墓表》二十七册。」

四十三號

鐵厓樂府注十卷。　咏史注八卷。　逸編八卷。　楊維(禎)〔楨〕，樓卜瀍注，六册。

元遺山集金元好問，四十卷，十二册。

吴淵穎集吴萊，王邦采、王繩曾箋，十二卷，十册，精刊印。　又四册，嘉靖精刊，佳紙印，無注。

柳待制集元柳貫，二十卷，十册，天順癸未烏歐陽溥等刊本。　又八册，順治刊。

牧庵集元姚燧，三十六卷，附《年譜》二册，聚珍，缺。

歸日類稿元張養浩，二十卷，六册。

金淵集元仇遠，六卷，一册，聚珍〔一〕。

元四大家詩虞伯生、楊仲弘、范德機、揭曼碩，八卷，五册。

虞道園類稿四册，舊抄，缺。另有刊本補之，尚少卅二至卅三，又卅六至卅九，又四十六至四十八。

虞道園詩集一册，缺末三卷，翁刻，首有翁方綱撰年譜，批面。

馬石田集元馬祖常，十五卷，又《附録》，四册，舊影抄至正官本。

清秘閣集元倪瓚，十二卷，四册。**又詩集**精刊印，四册，其八世孫珵萬曆精刊。

歐陽文公集元歐陽玄，十五卷，又《附録》，二册。

劉静修集元劉因，七〔二〕卷，三册，缺一、三兩〔册〕，存《遺文》六卷、《續集》三卷、《拾遺》七卷，元刊。

郝文忠集元郝經，三十九卷，十七册，缺卷廿四至廿六、十七至十九兩册，又缺《目録》及《附録》一册，延祐刊。

剡源集元戴表元，三十卷，六册。

清容居士集元袁桷，五十卷，十二册。

雁門集元天錫薩都拉，二十卷，八册〔三〕。

〔一〕《行篋》脱「珍」字，據《影山》補。

〔二〕此處疑有誤，缺者一、三册爲《丁亥詩》五卷、《樵庵詞》集一卷、《遺詩》六卷，存者三册當爲十六卷。《影山》此處原爲「七」，後圈去。

〔三〕《影山》後有：「《禮記集説》十册，《易經本義》四册，《古磚圖釋》四册。」

四十四號

呂涇野集 明呂柟，三十六卷，八厚册，明陶欽皋刊。

陽明全書 明王守仁，三十八卷，九册，缺《别録》卷一、七、八等三卷，明刊，批面。

王忠文集 二十四卷，明刊，十二册。

李空同集 明李夢陽，六十六卷，又《附録》一卷，十八册，明刊。

徐迪功集 明徐禎卿，《集》六卷，《談藝録》一卷，《外集》四卷，一册，明刊。

懷麓堂稿〔一〕 明李東陽，《詩》二十卷，《文》三十卷，《南行稿》、《北上録》二卷，《詩後集》十卷，《文後集》三十卷，《講讀録》四卷，《求退録》三卷，二十册，明刊。

洹詞 明崔銑，十二卷，四册，趙府精刊〔二〕。

陸子餘集陸粲，十二卷，四册，明刊，佳印。

願學集明鄒元標，八卷，五册，明刊，佳印〔三〕，批面。

唐伯虎集明唐寅，四卷，附《外集》，又《紀事》，一册〔四〕，明刊。

瓊臺會稿丘文莊，十二卷，四册，明刊。

甀甄洞稿吴國倫，五十四卷，二十四册，明佳，刊印。

石田集沈周，十卷，二册。

東洲初稿夏〔良勝〕，十四卷，十二册，明佳，刊印。

椒丘文集明何喬新，三十四卷，《外集》一卷，八册，明佳，刊印。

楊升庵詩五卷，一册，明精刊〔五〕自書六行草本。

四溟山人詩明謝（臻）〔榛〕，十卷，附《詩説》二卷，六册，明佳，刊印。

潛溪集宋濂，八卷，《附録》一卷，二册。至正十五年王褘序，嘉靖柔兆涒灘夷則月。

金正希集九卷，四册。

徐文長逸稿二十四卷，三册。

〔一〕《影山》有眉批：「鄭借首册。」後圈去。

〔二〕精刊：《影山》作「刊精」。

〔三〕「明刊佳印」原作「明佳刊印」，據上下文例乙改。後如此類，不再出版。

〔四〕《行篋》脱「一册」兩字，據《影山》補。

〔五〕刊：《影山》作「刊印」。

四十五號

薛考工集薛蕙，八卷，四册。

宋文憲集宋濂，五十卷，二十册。

荆川文集唐順之，十八卷，八册。

王文恪集明王鏊，三十六卷，十册，明精書刊印。

震川全集明歸有光，三十卷，二十册。

花王閣賸稿明紀坤，一卷，一册。

楊忠愍遺書明楊繼盛，一卷，一册。

吕晚邨集吕留良，八卷，四册。

石秀齋集明莫是龍，十卷，附莫秉清《采隱草》一卷，一册。又四册。

莫紫仙采隱草莫秉清，一卷，二册。

瑞陽阿集明江東之，十卷，四册，精刊印。

青霞公集明沈鍊，十六卷，六册。

明四十二家制藝三十六册，明精刊。

託素齋詩集黎士弘，殘，四册。

高青邱集高季迪，十八卷，附《逸詩》、《扣舷集》，又《凫藻集》五卷，八册。

李滄溟集明李攀龍，三十卷，又附録，四册，明佳刊。

史忠正集明史可法，六卷，二册。

趙南星時文二册，精刊。

陶葊集黄淳耀，八卷，二册，佳刊。

正學文選方孝孺，十三卷，一册。

誠意伯集劉基，二十卷，十册。

四十六號

續資治通鑑畢沅，三百二十卷，六十册。

竹書紀年陳詩集注，二卷，二册〔二〕。

宋元資治通鑑明王宗沐，六十四卷，十六册，明吴勉學刊。

元經隋王通經，薛收傳，十卷，二册，明刊。　又阮逸注，一册，明佳紙印，精刊。

竹書紀年統箋梁沈約注，清徐文靖統箋，十二卷，三册。

通鑑前編宋金履祥十八卷，首附元陳子桱《外紀》，末附宋金履祥《舉要》二卷，八册。

大唐創業起居注唐温大雅，三卷，一册，明刊。

西漢年紀宋王益之，三十卷，四册。

綱目釋地補注六卷，糾謬六卷，張庚，四册。

通鑑綱目條記李述來，二十卷，六册。

皇宋十朝綱要李埴編年，二十五卷，舊抄，十六册，此書四〔三〕庫未收。

〔二〕《影山》後有：「又一册，無注。玉一月，趙紹祖補校。」

〔三〕《行篋》脱「四」字，據《影山》補。

四十七號

朝野彙編明屠叔方，二十卷，六册，明刊。

皇明大事記明朱國楨輯，五十卷，十册，明刊。

皇明大訓記明朱國〔楨〕輯，十六卷，四册。

明鑑托津等奉敕，二十四卷，八册，内板。

明通紀明陳建輯，十卷，附卜大有《續紀》三卷，六册。

綏寇紀略吴偉業，十二卷，六册。

皇明從信録陳建輯，四十卷，十四册。
嘉隆聞見記明沈越，十二卷，六册。
遼事實録明王在晋，十七卷，六册。
大啟時事十八册，舊抄。
復社姓氏傳略吴山，十卷，四册。
史外汪有典，三十二卷，八册[一]。
小腆紀年附考徐鼒，二十卷，十二册。
孫毅庵奏議明孫懋，二卷，二册，鈔本。

[一]《行篋》脱「八册」兩字，據《影山》補。

四十八號

國権鹽官談遷孺木著，六十册，舊抄。

天啟崇禎國榷談遷，二十卷，舊抄。

格紙四册，備抄補者。

四十九號

古文品外録明陳繼儒選，二十四卷，十二册，明善刊。

切問齋文鈔陸燿輯，三十卷，十二册。

文章正宗宋真德秀，十五卷，六册。

皇朝文典李兆洛，七十四卷，十六册。

書記洞詮明梅鼎祚輯，一百二十卷，二十册，明〔刊〕。

歷代賦彙陳元龍奉敕編輯，百八十四卷，七十二册，内板精刊。

明人尺牘二册，舊抄。

湖海文傳王昶輯，七十五卷，八册。

五十號

感舊集王士禛選，盧見曾補傳，十六卷，附《小傳補遺》，八册。

南宋雜事詩沈嘉轍等，七卷，一册。

國朝六家詩鈔劉執玉選，八卷，二册。

侯方域、汪琬、魏禧三家文鈔宋犖、許時庵選，三十二卷，十册。

唐詩、明詩、國朝詩別裁集沈德潛選，六十四卷，十二册。

唐宋十大家全集録儲欣，五十二卷，四十册〔一〕。

金元明八家文選李祖陶評點，五十三卷，廿五册，合八册。

古文餐勝莊大中輯，四卷，四册。

匧衍集陳維崧選，十六卷，四册，精刊。

歸震川尺牘二卷。　錢牧齋尺牘三卷。　共四册，佳刊。

湖海詩傳王昶輯，四十六卷，十六册。

嘉慶欽定熙朝雅頌集百六卷，二十四册〔二〕。

〔二〕《影山》後有勾去文字：「《欒城全集録》六册。欒城、南豐、臨川《全集録》六册，十二卷。《吴草廬文選》一册，李祖陶，六卷。」

〔三〕本頁内有浮簽：「百卅號《宋稗類抄》、《揚州畫舫録》移五十號。」

五十一號

檇李詩繫沈季友選，四十二卷，十六册，康熙四十九年當湖金南鍈敦素堂精刊印。

四六法海王志堅論次，十二卷，十六册。

崇禎八大家詩選夏雲鼎選，十四册，明刊。

帶經堂詩話夏雲鼎選，明刊，十四册。

詩人玉屑宋魏慶之，二十卷，六册。

苕溪漁隱叢話宋胡仔，六十卷，十册，仿宋精刊。

古謡諺杜文瀾輯，百卷，十六册。

古經精舍三集一册。

詩話總龜宋阮(一)閲編，四十八卷，十册，明刊佳。

玉堂才調集于朋舉，三十一卷。

觀静齋三蘇文選明錢穀選，十六卷，四册。

制藝叢話梁章鉅，二十四卷，附《題名》，八册。

五十二號

史記四十册，舊精刊，字體古雅，歸震川舊藏。

史通二十卷，四册，元刊佳紙印。

史通通釋唐劉知幾，南杼秋浦起龍二田釋，二十卷，六册，精。

史通削繁紀昀，四卷，二册，套板初印。

左粹類纂明施仁編，孫應鰲評點，八册，明精刊佳紙印。

五代史記注彭元瑞注，七十四卷，四十册〔一〕。

五代會要宋王溥，三十卷，六册，舊綿紙抄。

東都事略王稱，百三十卷，六册，仿元精刊。

晋略周濟，分十册〔二〕。

〔一〕《影山》有眉批：「賀幼誠借世家兩函。」後圈去。

〔二〕《影山》此處衍「十册」二字。

五十三號

水經注釋魏酈道元，清趙一清録，十二册。

水經注圖汪士鐸，一册。

嚴氏資治通鑑補宋司馬光編，元胡三省注，明嚴衍補，二百九十四卷，八十册。又抄殘本，五册。

五十四號

元和郡縣圖志唐李吉甫，四十卷，十册，岱南閣本。

國語二十一卷，明吴勉學刊，無注本，初印。

國語韋氏解，二十一卷，三册，覆天聖明道本，黄刻初印。

戰國策高誘注，三十三卷，五册，覆剡川姚氏本，黄刻初印。

荀子唐楊倞注，四册，嘉善謝氏精刊印。

管子房玄齡注，二十四卷，十二册，明精刊佳紙初印。

管子校正戴望，二十四卷，三册，抄。

群書治要唐魏徵等奉敕，五十卷，二十四册，日本天明五年刊。天明五年當大清乾隆五十年乙巳。

花間集宋趙崇祚集，十卷，一册，明復宋本佳紙印。

朱門授受録吴𩅰編，十卷，舊抄。

韓詩顧嗣〔立〕删注〔一〕，十一卷，首有《年譜》，四册，秀野草堂精刊印，大。

温飛卿集曾益謙注，顧予咸補注，九卷，一册，秀野草堂精刊印，大。

古文苑九卷，元明間舊抄，二册。

輿地廣記宋歐陽忞，三十八卷，四册，士禮居仿宋。

太玄漢揚雄，十卷，附音，六册。

法言李軌注，十三卷，一册，仿治平本，精刊印。

列子張湛注，八卷，一册，明世德堂精刊佳紙印。

二程遺書外書文集二十五卷，又附，六册，元精刊佳紙印。

素問王冰注，二十四卷，四册，明復宋本。

難經經釋扁鵲著，徐大椿注，一册，精刊佳紙初印。

〔一〕「韓詩」，底本如此。此當係顧嗣立所撰《昌黎先生詩集注》，「立」字原脱，補。

五十五號經疏别本

儀禮注疏鄭注，賈疏，五十卷，八册，張敦仁合宋本編刊，初印。又十二册，汲古閣本。又十二册，盧宣旬校刊宋本，附校勘記。

周禮注疏鄭注，賈疏，四十二卷，二十册，汲古閣初印。又十二册，汲古閣。

禮記注疏孔疏，陸釋文，六十三卷，十六册，和珅〔一〕覆宋本精刊。

春秋左傳注疏孔疏，陸釋文，五十八卷，二十册。公羊疏何休，二十卷，七册。穀梁疏范甯集解，楊士勛疏，二十卷，四册。均〔二〕盧宣旬校宋本刊。

毛詩注疏鄭注，唐〔孔〕穎達疏，三十卷，十二册，殿板。

孝經注疏邢昺注疏，九卷，一册，盧宣旬校宋本刊附校勘記〔三〕。

論語注疏何晏集解，邢昺疏，二十卷，四册，盧宣旬校宋本刊附校勘記〔四〕。

孟子注疏趙注，孫奭疏，十四卷，六册，盧宣旬校宋本刊附校勘記〔五〕。

爾雅注疏晋郭璞注，宋邢昺疏，十一卷，三册。又二册。均明閩刊本。

〔一〕珅：《行篋》誤作「坤」，據《影山》改。

〔二〕《行篋》脱「均」字，據《影山》補。

〔三〕《影山》脱「記」字。

〔四〕《影山》脱「記」字。

〔五〕《影山》脱「記」字。

五十六號

李太白集唐李白，三十卷，二册，繆曰芑仿宋精刊佳紙印。

韓文考異四十卷，《外集》十卷，八册，元刊大字。

歐陽文忠集宋歐陽修，百五十三卷，十六册。

山谷全書《正集》三十卷，《外集》十四卷，《詞》一卷，《簡》二卷，《年譜》三十卷，《别集》二十卷（附《伐檀集》二卷，黄庶），十厚册〔一〕，明嘉靖丙戌覆宋精刊佳紙印，手校。

歐陽文粹二十卷，四册，元明刊。

南豐文粹十卷，四册，嘉靖己酉刊〔二〕。

三蘇文粹十卷，十二册，嘉靖辛卯年越楊山金鰲刊。

讀杜心解浦起龍解，六卷，六册，佳刊。

昌黎詩集編年箋注方世舉考訂，十二卷，五册，雅雨堂精刊。

王臨川集王介甫，一百卷，十册，明精刊紹興本，佳紙初印。

老泉集蘇洵，二十卷，附二卷，二册，康熙卅七年邵仁泓精刊印。

柳文四十八卷，無注，六册，明游居敬精刊。

昌黎詩顧嗣立删補注，十六卷，二册，賸德堂重刊套板。

義山文徐樹穀箋，徐炯章注，十卷，二册，精刊印。

義山詩馮浩箋，三卷，首有《年譜》，二册，初印，讀本。

元遺山詩箋注施國祁箋，十四卷，又附，二册，讀本。

王荆公詩箋注李璧箋注，五十卷，八册，精刊〔三〕。

蘇文忠詩集紀昀評點，十二册，套板初印。

〔一〕《影山》無「十厚册」三字。

〔二〕《影山》作「明刊」。

〔三〕《影山》無「精刊」二字。

五十七號

文選李善注二十册，成化丁未唐藩三黑口本，缺首七卷，復得原本足之。

唐文粹姚鉉纂，一百卷，十册，明嘉靖甲申汪偉序，徐焴精刊，佳紙印。

宋文鑑宋吕祖謙奉敕，百五十卷，二十册，明天順八年復宋本。

古文詞類纂姚鼐選，七十五卷，十二册，道光五年江寧吴啟昌刊。

瀛奎律選宋方回選，四十九卷，八册，二馮評點本。馮舒、班，蓋兄弟也。康熙壬辰吴之振黄葉邨莊精刊印。

元國朝文類七十卷。缺卷一之十，卷卅六之四十，四十二之四十三，五十之五十二，六十之六十二，六十五之七十，目亦缺。十五册，元刊本，半頁十三行，行廿四字，批面。

兩漢文鑑宋陳鑑編，二十一卷，八册，嘉靖癸未慎獨刊，佳紙印，大。

崇古文訣樓〔昉〕，三十五卷，五册，似明覆宋本，有寶慶丁亥姚珤跋，半頁十行，行二十一字。

詩紀明馮惟訥編，三十六卷，二十册，嘉靖戊午刊。

文選殘本一册，李注，大字，半頁十行，行廿二字，元池州路總管張伯顔刊。

五十八號〔二〕

史記漢司馬遷，裴駰注，百三十卷，十二册。

漢書漢班固，顔師古注，一百二十卷。

後漢書范曄，唐章懷太子賢注，劉昭補注志，一百三十卷，二十册。

三國志晋陳壽，裴松之注，六十五卷，十册，配印書業趙本。

晋書唐太宗御撰，百三十卷，二十二册，配印書業趙本。

宋書沈約，百卷，二十册。

南齊書梁蕭子顯，五十九卷，六册。

梁書唐姚思廉，五十六卷，六册。

陳書唐姚思廉，三十六卷，四册。上八種共一百二十册，移入集錦箱，配廿四史。

附地理圖鄂本胡林翼，三十二册，移入集錦箱。

仿宋相臺五經三十二册，光緒二年江南書局覆殿本。

廣雅疏證高郵王念孫，十卷，附《博雅音》十卷，光緒五年淮南書局覆王氏本。

論語正義二十四卷，六本，寶應劉寶楠，同治丙寅刊。

春樹齋叢説温葆深，一卷，二本，附《選時造命説》。

初唐四傑文集三本，光緒五年淮南書局刊。

毛詩古音考明陳季立，五卷，四册〔二〕。

屈宋古音義明陳季立，三卷，二册〔三〕，光緒六年武昌張氏新合刊本。

通典唐杜祐，二百卷，五十册，明本，十行，行廿三字。

惜抱軒遺書三種，桐城姚鼐撰，《莊子章義》五卷，《書録》四卷，《尺牘補編》二卷，光緒己卯桐城徐氏刊。

〔一〕《行篋》下注：「五十、五十一兩號係汲古閣用桃花紙初印本，極寬大。」按五十八號上用硃筆填「五十」，五十九號上用硃筆填「五一」，此即注中所謂「五十、五十一兩號」，其中所藏二十四史部分係汲古閣用桃花紙初印本。《影山》下注：「以下二號，汲古閣十七史，桃花紙初印。」

〔二〕册：《影山》作「本」。

〔三〕册：《影山》作「本」。

五十九號〔一〕

南史李延壽，八十卷，十二册。

魏書北齊魏收，百三十卷，二十册。

後周書唐令狐德棻，五十卷，六册。

北齊書李百藥，五十卷，四册。

隋書唐魏徵，八十五卷，十二册。

北史李延壽，百卷，二十册。

唐書宋歐陽修、宋祁奉敕撰，二百七十三卷，四十册。

五代史宋歐陽修〔三〕，徐無黨注，七十四卷，六册。

〔一〕《影山》該號下有注：「下八部乙百廿册。」中有注：「移入集錦箱配廿四史。」後有注：「以上十七史共二百四十册。」

〔三〕《行篋》脱「修」字，據《影山》補。

六十號

周易王弼注，十卷，一册，明精刊佳紙印。

七經孟子考文日本享保十一年山井鼎輯，物觀纂修，三十二册。享保十一年當大清雍正四年。

説文解字八册，漢許慎記，宋徐鉉奉敕校定，十五卷，汲古閣復北宋本佳紙初印。伯兄手録段校。

唐説文木部箋異四册。

説文繫傳六册，宋徐鍇傳釋，朱翺反切，四十卷，過段校。

説文五音韻譜五册，十二卷，缺十一、十二兩卷，殘。

字鑑二册，元李文仲，五卷，張士俊精刊印，大。

古文四聲韻　册，宋夏竦，宋刊齊安本，殘。

急就章二册，似元刊，殘，今存一、二兩卷，首有朱竹垞記數行，定爲南宋本。

樂書十二册，宋陳暘，二百卷，殘，今存序目及卷一之八、十七之四十四、百卅三之百卅九、百五十四之百七十二、百八十七之二百，宋刊。

草韻辨體五册，明萬曆御製，精刊，朱藍套印〔一〕。

書儀一册，宋司馬光，十卷。

隸篇續一册，翟雲升，十三卷，缺末二卷。

嚴氏説文校議三册，嚴可均，十五卷，精刊。

說文聲類一册，二卷。

唐石經校正二册，十卷。

附鐵橋漫稿二册，十三卷。

寄范石湖詩注一册、左傳補注二册、水經注二册、王荆公詩二册沈欽韓書。

初印殘書經傳説二册。

說文解字二册，嘉慶丁卯藤花榭仿宋本，初印〔二〕。

〔一〕《影山》下注：「入百十號。」

〔二〕《行篋》與《影山》上册至此結束，《行篋》後粘浮簽一張，記書數種：「《方輿勝覽》，首册，五卷，計八十三頁，明修宋本。《分類補注太白集》，首册，一卷，序三頁，目録二十一頁，首卷三十六頁，元至元辛卯本。《陸宣公集》，序四頁，制奏議集八頁，制誥十卷，一百〇三頁，《翰苑集叙》六頁，目録九頁，元刊。《關氏易傳》，一卷，二十八頁。《麻衣道者正心法》，一卷，二十八頁，宋淳熙本。《元包》，序二頁，首卷十五頁，二卷十一（卷）〔頁〕，三卷十二頁，四卷十一頁，五卷八頁，計五卷。《元包總數義》，首卷二十四頁，二卷二十三頁，政和本。」

六十一號

大雲山房集惲敬，四卷，四册。

年華録全祖望，四卷，二册。

惜抱軒集姚鼐，《文》十六，《詩》十，《筆記》八，《外集》一，《經説》十七，附《三傳》、《國語補注》，又《年譜》一册，鄭福照輯，共五十四卷，七册〔一〕。

古文詞類纂姚鼐選，八册〔二〕。

女世説李清〔三〕，四卷，一册。

古今類傳董穀士輯，四卷，二册。

續古文苑孫星衍，二十卷，八册，仿宋精刊。

寰宇訪碑録孫星衍，一册，手校。 續訪碑録趙之琛，二册〔四〕。

歷代紀元表、統系録、年號分韻録黄本驥，三册〔五〕。

易書秦九經本，一册〔六〕。

麻衣道者火珠林、古本靈棋經一册〔七〕。

諏吉書一册。

宋李綱靖康傳信録三卷。宋李格非洛陽名園記一卷。一册〔八〕，海山仙館本。

全唐詩目一册〔九〕。

初印殘全唐詩三册。又十四册〔一〇〕。

絜齋集袁燮撰，十册〔一一〕。

郭氏傳家易説郭雍著，四册。

魏鄭公諫續録翟思忠撰，一册。

夏侯陽算經一册。

漢官儀衛宏撰，一册。

春秋傳説例劉敞撰，一册。

絜齋毛詩講義袁燮撰，一册。

〔一〕《影山》作：「姚鼐，《文》十六卷，《詩》十卷，《筆記》八卷，《外集》一，《經説》十七，附《三傳》、《國語補注》，六册。又鄭福照輯《年譜》一册。」

〔二〕《影山》此條著録作：「八册，吴刻初印。」此條後又有勾去文字：「《河嶽英靈集》，唐殷璠輯，二卷，二册，宋刊，精，手校。《唐五代詞》十二卷，一册，《全唐詩》中本，手校。」並注：「移七十號。」

〔三〕《影山》此處多「輯」字。

〔四〕《影山》僅作：「又《訪碑録》、《續訪碑録》。」

〔五〕《影山》此條作：「《歷代紀元表》，又《年號分韻録》、《統系録》六卷，黄本驥，共三册。」

〔六〕一册：《影山》作「共一册」。

〔七〕一册：《影山》作「共一册」。下注：「中有夾條。」

〔八〕一册：《影山》作「共一册」。

〔九〕《影山》此條後尚有勾去文字：「《彙刻書目》，嘉慶己未顧修輯，五册，移百卅九號。《簡明目録》，十二册，小字注，手注刻本，又六册，手校，移百卅九號内。《四庫存目書目》，十卷，六册，移百卅九號内。」

〔一〇〕十四册：《影山》作「四十四册」，當誤，《行篋》原亦作「四十四册」，後改作「十四册」。按本條前

〔二〕 《影山》尚有：「《夜談隨録》十二册。《志異》七册。《廣治平略》十二册。《客窗二筆》四册。《子史精華》，殘一册，家間攜出者。《柳莊相書》二册。《驗方新編》八册，鮑相璈，十六卷。」册：《影山》作「本」，以下至《絜齋毛詩講義》皆同。

六十二號

史記十六册，明正德建寧府刊，小本。

後漢書劉宋范曄撰，唐太子賢注，二十册，明汪文盛精刊。

宋刊四子《文中子》，阮逸注，十卷，二册；《列子》，張湛注，八卷，三册；《莊子》，晉郭象注，十卷，八册；《法言》，宋司馬光注，十三卷，三册〔一〕。南宋理宗景定元年庚申，龔士卨刊本，此蓋南宋刊六子之四。同治甲戌開歲，繩孫在蘇州收四子，無《文中》、《法言》，而多《老》、《荀》〔二〕，其《老子》首載景定改元龔士卨刊書序，惜缺去首半頁，以《莊》、《列》比校，知與此出一板，因合弆一笥，書之大小則各仍其舊也〔三〕。

列女傳漢劉向編，八卷，一册，晉顧（凱）〔愷〕之圖畫，阮氏仿宋精刊印。**又**顧之逵刊無圖畫，附顧廣圻《考證》二册。

金石萃編十六册，目一册，卷一至四十十五册手校，家中携出者，十六以下存黎家。

史通訓故補唐劉玄，二十卷，八册，黄叔琳補注，精刊極佳，綿羅文初印。

太玄經漢揚雄，十卷，三册，晉范望注，附《釋文》一卷，唐王涯《説玄》五篇，明精刊印，手校，面均批。

穆天子傳注疏郭璞注，檀萃疏，六卷，首有檀萃《穆天子編年》一卷，三册。

世説新語劉宋王義慶撰，梁劉孝標注，六卷，六册。

秦刻〔四〕九經十册，《易》、《書》、《詩》、《春秋左傳》、《禮記》〔五〕、《周禮》、《孝經》、《論語》、《孟子》。

紹興十八年同年録一册。

吹網録六卷。　鷗波叢話六卷。　葉廷琯〔六〕，共四册。

恒言録錢大昕，六卷，二册。

列代建元表錢東垣，十卷，附《建元類考》二卷，二册。

易林漢焦贛，四卷，二册，汲古閣〔七〕刊。

老子河上公注二卷，姚鼐《章義》二卷〔八〕。

欽定方輿路程八册。

〔一〕《行篋》下注：「庚戌十二月查，缺《列子》末册。」《影山》下注：「宣統庚〔戌〕查《列子》，缺末一册，須細查。」

〔二〕《影山》附注：「景定本《老子》一册，《荀子》二册，同治壬戌收，此《老》、《荀》在七十號。」

〔三〕《行篋》下注：「宣統庚戌十二月，檢同治甲戌在蘇所收景定本《老》、《莊》、《荀》、《列》四子，未見，不知移置何箱，須查。」《影山》注略同，惟「在蘇」作「在蘇州」，「須查」作「須細查」，末云：「已得。」

〔四〕刻：《影山》作「刊」。

〔五〕禮記：《影山》作「禮」。

〔六〕葉廷琯：《影山》作「近葉廷琯」。

〔七〕《影山》無「閣」字。

〔八〕《影山》後有「手校」二字。

六十三號

貴州通志康熙三十一年巡撫衛既齊、舉人吳中蕃等重修，三十六卷，十二册。

明詩綜朱彝尊，一百卷，三十二册。

南史校本五册，殘，李延壽，八十卷，今存卷一之十五、二十一之二十二、四十六之六十五、六十六之七十、七十六之八十，精校汲古閣〔一〕本，批面。

具區志翁澍，十六卷，四册。

本事詩徐釚編，十二卷，三册。

繹史摭遺李瑶，十卷，二册。

古易音訓〔二〕宋咸熙輯，吕伯恭撰，二卷，一册，手校，鈔本。

弧角設如張作楠撰算例，江臨泰補對數，三卷，一册，手校，鈔本。

周髀音義李籍，一卷。　術數記遺漢徐岳撰，北周甄鸞注，一卷。一册〔三〕，手鈔。

五經文字一册，道光丁酉鈔校。

九經字樣一册，道光丁酉鈔校。

經典文字辨異五〔四〕卷。　音同義異辨一卷。　説文舊音一卷。畢沅，一册〔五〕，手鈔校。

干禄字書一册，道光壬寅手鈔校。

復古編〔六〕張有，二卷，又《附録》，一册，道光乙未手鈔校。

張子野集一册〔七〕。

陳思王詩一册，道光戊戌手鈔校〔八〕。

孟子年譜黄本驥，一卷〔九〕。

朝邑志韓邦靖，一卷，一册〔一〇〕，經巢手鈔。

慶元黨禁一册，六叔鈔。

道德經評注一册，鈔本。

郘亭詩鈔校樣三册，批面，後有諸人評論。

漁潢詩校樣一册。

欽定禹貢傳説彙纂内板七經本，綿紙初印。

屢非草明越其杰，一册，鈔本。

學孔精舍詩鈔明孫應鰲，二册，稿本〔一一〕。

教秦緒言、幽心瑶草一册〔一二〕。

四書近語二册。又一册。明孫應鼇，稿本，《學》、《庸》，《論語》「學而」至「公治」以下缺。

野古集明龔詡，五卷，二册。

心日齋十六家詞目、戈順卿七家詞目周之琦選、金梁夢月詞周之琦，一卷，中多手鈔者，一册，鈔本〔一三〕。

瑞芝室詩稿楊彝珍，一册，過筆。

周漁璜外集周起渭，一册，稿本。

張皋文、董晉卿、金朗父詞一册，鈔本〔一四〕。

鈔本詩一册，似是劉仙石詩。

文摘鈔馮魯川、何子持，一册。

姚石甫諸公狀等一束。

孫可之集一册，鈔本。

黔書田雯，二卷，二册，金甸卿贈。

黔記目録郭子章撰，一册，癸未五月借黄子壽丈藏本鈔目録，全書卷帙太繁也〔一五〕。

遵義黎氏家譜黎庶昌手稿，一册〔一六〕。

〔一〕《影山》無「閣」字。

〔二〕《影山》眉批：「以下鈔本。」

〔三〕《影山》作「共一册」。

〔四〕五：《行篋》誤作「一」，據《影山》改。

〔五〕《影山》作「共一册」。

〔六〕《影山》眉批：「賀幼誠借。」後圈去。

〔七〕《影山》無此條。

〔八〕《行篋》下注：「取出。」

〔九〕卷：《行篋》誤作「册」，據《影山》改。

〔一〇〕《影山》作「共一册」。

〔一一〕《影山》後有：「《瑞陽阿集》一册，卷八九。格本五册，又皮紙格三册，信一束。」

〔一二〕《影山》作「共一册」。

〔一三〕《影山》作「共一册」。

〔一四〕《行篋》下注:「取出。」

〔一五〕《行篋》下注:「已還之。」

〔一六〕《影山》無此條。

六十四號

漢書班固,顔師古注,百卷,三十二册,明佳刊。

北堂書鈔唐虞世南,百六十卷,明陳禹謨補注校刊。

絶句辨體明楊慎輯,八卷,一册,明刊。

元和姓纂唐林寶,十卷,二册,孫刊。

唐詩金粉沈炳震輯,十卷,二册。

絶妙好詞箋查爲仁、厲鶚同箋,周密原輯,附《續鈔》二卷,一册。

花間集唐趙崇祚集,四卷,一册。

謝康樂集宋謝靈運,二卷,明張溥刊。 **謝惠連集**一卷,明汪士賢刊。手校,共一册。

蔡中郎集漢蔡邕，十卷，六册，海源閣仿宋刊。

玉臺新咏陳徐陵，十卷，一册〔一〕，宋刊〔二〕。

陶集集注陶澍集注，十卷，附《年譜考異》二卷，手校讀本。　又拜經樓仿宋，詩四卷，一册〔三〕。

史漢方駕明許相鄉輯，三十五卷，一册。

鮑明遠集劉宋鮑照，十卷，一册，明程榮刊。

左傳義法舉要一册。　史記注補正一册。　方苞口授，王兆符、程崟述。

文章緣起梁任昉撰，明陳懋功注，方熊補注，一册，明刊。

五七言今體詩鈔〔四〕姚鼐，十八卷，二册。

唐人萬首絶句選王士禛選，七卷，一册，精刊初印，讀本。

趙子常注五言〔五〕杜律三卷。　虞伯生注七言杜律三卷。　一册〔六〕。

李頎三卷。　王昌齡集二卷。　一册，明刊二十六家詩本，手校鈔補。

杜集錢謙益箋注，二十卷，六册，某校，批面。

二張詩集九齡二卷，説二卷，明江夏刊。

陳伯玉集二卷，一册。

昌黎詩增注正訛顧嗣立删注，黄鉞增注正訛，十一卷，四册，佳刊。

孟東野集唐孟郊十卷，附韓孟聯句，明刊，批面。

宛鄰書屋詞選張惠言二卷，附董毅《續詞選》二卷、鄭善長《選近人詞》一卷，一册。

滄浪吟宋嚴羽，二卷，二册，元明刊。

元遺山詩集金元好問，二十卷，一册，舊影鈔汝州本，批面。

曝書詞注李富孫纂，七卷〔七〕，四册。

白石道人歌曲姜夔，四卷，一册，仿宋精刊。

片玉詞宋周邦彦，二卷，一册，汲古初印。

少游、南湖詩餘秦觀二卷、張綖一卷，一册〔八〕。《詞苑英華》第八册，全書不知置何所。

辛稼軒集宋辛棄疾，文三卷，詩一卷附《年譜》，詞五卷，一册，詞手校，批面。

明詩選陳子龍等十三人選，十三卷，四册。

七十家賦鈔張惠言，六卷，四册。

仿宋本陶詩一册，紹熙壬子曾集，光緒元年精刊。

〔一〕《行篋》無「一册」兩字，據《影山》補。

〔二〕《行篋》下注：「已售去。」

〔三〕《行篋》無「一册」兩字，據《影山》補。

〔四〕《行篋》書名誤作「五七言古今體」，據《影山》改。

〔五〕五言：《影山》誤作「五五」。

〔六〕一册：《影山》作「共一册」。

〔七〕《行篋》脱「七卷」二字，據《影山》補。

〔八〕一册：《影山》作「共一册」。

六十五號

類篇宋司馬光，十五篇，十四册，曹刻，初印。

集韻宋丁度，十卷，五册，曹刻，過段校宋本。**又**十册，日本天保五年刊。

禮部韻略一册，曹刻，初印〔一〕。

説文韻譜宋徐鍇，十卷，一册。

説文逸字鄭珍，二卷，又《附録》，一册。

儀禮私箋八卷，一册。

輪輿私箋一册，稿本。又刊。

巢經巢經説一册。

鄭學録四卷，一册。以上五種均鄭珍。

儀禮正義胡培翬，四十卷，二十册。

毛詩傳鄭箋附《校字》、《陸氏音義》二卷，四册，立本齋桃花紙。

尚書考辨宋鑑，四卷，二册。

爾雅注晉郭璞注，唐陸德明音義，二卷，二册。

公羊詁四册，問禮堂仿宋綿紙初印。

春秋經傳集解三十卷，附《名號歸一圖》，八册。

金石文字辨異邢澍，十二卷，五册。

孟子趙注十四卷，二册，附孫奭音義，初印。

書義主意元王充耘，六卷，附劉錦文編選《群英書義》二卷，二册，舊影鈔元刊。

説文四册，孫刊。　又一册〔二〕。

説文新附考鈕（玉樹）〔樹玉〕，六卷，附《續考》，一册〔三〕。

易集解孫星衍，十卷，三小册。

論語集解義疏魏何晏集解，梁皇侃義疏，十卷，五册，知不足齋本。

韓詩外傳漢韓嬰，十卷，附《補逸》，一册，初印〔四〕。

經傳釋詞王引之，十卷，一册。

魏武注孫子三卷，《補遺》，一册，仿宋刊。

漢舊儀漢衛宏，二卷，又《補遺》二卷。　漢官典式儀選用漢蔡質，一卷。　漢官儀漢應劭，二卷。共一册，中有夾片。

牟子漢牟融，一卷。（皇）〔黄〕帝五書《龍首經》二卷，《金匱玉衡經》、《授三子元女經》一卷，《軒轅（皇）〔黄〕

帝傳》一卷，《廣（皇）〔黄〕帝本行記》下卷。共一册。

魏三體石經考孫星衍，一卷。琴操漢蔡邕，二卷。穆天子傳晉郭璞，六卷。共一册〔五〕。

絜齋毛詩經筵講義宋袁燮，四卷，一册，縮聚珍。

昌平山水記一卷。顧氏譜系考一卷。九經誤字一卷。石經考一卷。顧炎武，一册〔六〕。

夏小正傳二卷。急就章考異一卷。東臯子集三卷。唐王績，一册〔七〕，孫淵如刊，小本。

簡目六册〔八〕。

訪碑録、續録二册〔九〕。

歷代紀元表、統系表、年號分韻録三册〔一〇〕，共一函。

〔一〕《影山》後有「批面」。

〔二〕《影山》後有：「讀本，批面、尾。」

〔三〕《影山》後有勾去文字：「《寰宇訪碑録》，孫星衍，十二卷，二册，細校。」

〔四〕《影山》後有：「讀本。」

〔五〕《影山》後有：「《六韜》一册，六卷，附《逸文》。《尸子》二卷，《燕丹子》三卷，共一册。以上四行俱平津館刊。」按「以上四行」指從《漢舊儀》二卷至《燕丹子》三卷。又有：「《述學》一册，汪中，原刊初印。格紙一册。《六朝事迹(類編)〔編類〕》一册，宋張敦頤，二卷，明吴琯刊本《古今逸史》之一，手校，移廿一號。」

〔六〕「《九經誤字》一卷、《石經考》一卷，顧炎武，一册」，《影山》作：「《九經誤字》、《石經考》各一卷，顧炎武，共一册。」

〔七〕一册：《影山》作「共一册」。

〔八〕《影山》後有：「小字注，小本，初印。」

〔九〕《影山》作：「《訪碑録》二册，《續録》二册。」眉批：「仲攜出門。」

〔一〇〕三册：《影山》作「共三册」。

六十六號

吴越春秋後漢趙曄，宋徐天祐注，十卷，四册，大德三年刊，首頁〔一〕夾手書考片。

方輿勝覽宋祝穆，七十卷，十六册，宋刊，十四行本。

華陽國志晋常璩，十二卷，四册，廖寅仿宋嘉泰本精刊印。

越絶書十五卷，一册，明刊。

方輿紀要顧炎武，百三十卷，附《州域形勢》九卷，五十册，敷文閣初印。

歷代帝王宅京記顧炎武，二十卷，三册。

水道提綱齊召南，二十八卷，八册。

歷代地理韻編今釋李兆洛，二十卷，附《皇朝輿地韻編》二卷，八册，聚珍。

人清一統志表四册，萬芝堂刊。

乾隆府廳州縣志洪亮吉，五十卷，十二册。

附朱梅崖文集朱仕琇，三十卷，外集八卷，八册。

仿單板子一。

〔一〕頁：《行篋》誤作「首」，據《影山》改。

六十七號

大清一統志圖四册，《一統志》乃活字板印，圖乃刊板，故多單印本，中縫卷數仍依全書次第，綿紙印。　又一册，存江西以下十卷，以上缺〔一〕。

皇朝通志地理都邑略《通志》廿四至卅五卷，一册，批面。

皇朝輿地略六承如，二册，同治二年廣州刊。

皇朝輿地韻編李兆洛，二卷，一册，活字印。

元和郡縣志唐李吉甫著，四十卷，四册，《岱南閣叢書》刊，孫星衍校本。

括地志孫星衍輯，八卷，二册，《岱南閣叢書》本。

元豐九域志宋王存等奉敕撰，十卷，二册，乾隆中馮集梧校影宋鈔本刊。

歷代地理指掌圖宋蘇軾，一卷，一册，明刊，後附明各行省分圖。又一册，舊抄。

明一統志天順五年李賢等奉敕撰，九十卷，二十四册，天順五年官本，大。

一統志案説顧炎武原本，徐乾學纂，十六卷，二册，道光中張青選清芬閣活字本。

廣輿記明陸應陽輯，廿四卷，六册，萬曆庚子刊。

讀史方輿紀要顧炎武，百三十卷，缺序目至卷一、卷十九、卷廿四至廿九、卷六十六、卷八十一至八十二、卷九十二，五十九册，敷文閣刊。附輿地要覽四卷，三册，全。

舊唐地理志後晉劉昫，四卷，二册，活字印《舊唐書》中本。

萬國大地圖六册，一函。

天下山河兩戒考徐文靖，十四卷，四册，雍正元年刊。

地理韻編李兆洛，二十卷，八册，咸豐辛酉刊。

地圖一册，道光中張如霖刊，蝴蝶裝，中夾《恒星赤道經緯圖》[二]，甲寅五月張季直借去。

皇朝中外一統輿圖胡林翼，三十三册，鄂刊本。

海内十洲記等十二種共一册，明吴琯刊《古今逸史》本。

大清會典輿地圖十册[三]。

〔一〕《影山》此條後有：「《乾隆府廳州縣圖志》十二册。」眉批：「此書待檢。」下注：「移六十六號。」

〔二〕《影山》後多「卌二幅」。《行篋》下注：「李申耆道光中刊恒星圖卌二幅。」眉批：「恒星赤道經緯圖川二幅，世傳本鮮有劃分經緯度，分觀難於推覽，申耆先生始命其門人六（錢）〔嚴〕諸君校刊此帙。」

〔三〕《影山》此條作：「《會典輿地圖》十册，《會典》八十七至百三十二《輿地圖》，全。」

六十八號

雍録宋程大昌，十卷，一册，明吴琯刊〔一〕。

長安志宋敏求，二十卷，附河濱漁者《編類圖説》三卷，五册，又《黄圖》一册，畢沅校刊。

三輔皇圖失名，六卷，一册。

華陽國志晋常璩，十二卷，二册。

雍乘略明李應祥，二十四卷，六册，萬曆丁酉佳刊印。

齊乘元于欽，六卷，六册，嘉靖甲子杜思，佳刊印，有手抄序並校録一。

桂勝十六卷。　桂故八卷。　明張鳴鳳，二十四卷，共六册，萬曆中刊。

滇黔識略謝聖綸，三十卷，十册，乾隆癸未刊。

廣東新語屈大均，二十八卷，六册。

河朔訪古記元納新，三卷，一册，道光十七年晁貽端刊。

粤閩巡視紀略杜臻，六卷，首有圖，二册，鈔本。

桂林風土記唐莫休符，一卷，一册，鈔本。

苗防備覽二十二卷，四册。

三省邊防備覽溆浦嚴如熤，十四卷，四册。

洋防輯要二十四卷，十二册〔二〕。

鄴中記晋(劉)〔陸〕翽，一卷。洛陽伽藍記北魏楊衒〔之〕，四卷，一册。

雲南種人圖二册，《雲南通志》本。

粤西叢載汪森，三十卷，十四册，康熙乙酉刊。

新安志宋羅願，十卷，十册。

武功縣志明康海，三卷，一册，乾隆中重刊。

縉雲縣志十册，湯成烈等，十八卷。

瀘州志呈帝臣，一册，鈔本。

鍾祥縣志圖一册。

歷陽典録十二册，陳廷桂輯，三十四卷，游智開近刊。

清嘉録四册，吴縣顧禄，十二卷，道光庚寅刊。

西湖志纂二册，十五卷。

金陵梵刹志明葛〔寅亮〕，五十三卷，明刊。

石柱記一册，唐顔真卿撰，國朝朱尊補五卷，鄭元慶箋釋，康熙中魚計亭精刊〔三〕。

廣陵通典二册，汪中，十卷，道光〔四〕癸未精刊初印，大。

徐霞客游記五册。明徐宏祖，分十册，乾隆中徐鎮等校刊。

海國圖志十二册，魏源，五十卷，道光甲辰活字印。又五册，舊本，汲古閣舊〔五〕。

地理全志上編五卷，失名，下編十卷，英咭唎慕惟廉輯譯。

聯耶志略一册，馬邦畢禮遮邑禪治文撰，二卷，同治辛酉滬上活字印。

日本圖一册。

中山傳信録徐〔光保〕〔葆光〕，六卷〔六〕，四册，康熙辛丑刊。

〔一〕《影山》此前有：「《三輔黄圖》六卷，失名等十二種，共一册（《海内十洲記》一卷，漢東方朔；《洛陽伽藍記》五卷，北魏楊衒之；《吴地記》並《後集》，唐陸廣微；《岳陽風土記》一卷，宋范致明；《洛陽名園記》一卷，宋李文叔；《桂海虞衡志》一卷，宋范成大；《北邊備對》一卷，宋程大昌；《真臘風土記》一卷，元周達觀；《教坊記》一卷，唐崔令欽；《樂府雜録》一卷，唐段安節；《九經韻補》一卷，宋楊伯嵒）。明吴琯刊《古今逸史》本。」下注：「此册移六十七號。」按此即六十七號内「《海内十洲記》等十二種」條。

〔二〕《影山》在《苗防備覽》、《三省邊防備覽》、《洋防輯要》三條後總括有：「溆浦嚴如熤，共六十卷。」而在《三省邊防備覽》後無「溆浦嚴如熤」五字。

〔三〕康熙中魚計亭精刊：《行篋》缺此數字，據《影山》補。

〔四〕道光：《行篋》缺此二字，據《影山》補。

〔五〕《影山》此條無「又舊本，五册，汲古閣舊」。

〔六〕《影山》無「六卷」二字。

六十九號

山海經二册〔一〕。

水經注八册〔二〕。

畿輔安瀾志王履泰，五十六卷，二十四册〔三〕。

乾隆欽定平苗紀略五十二卷，十九册，聚珍。

南潯鎮志汪曰楨，四十卷，附（漣）〔汪〕曰楨輯《（漪）〔漣〕漪文鈔》〔四〕八卷，十册。

烏石山志郭柏蒼等輯，九卷，二册，道光壬寅刊。

水經注圖江寧汪士鐸，一册。

行水金鑑傅澤洪録，百七十五卷，三十六册，雍正三年淮揚官舍精刊印。

蜀水考閩中陳登龍，朱錫穀注、陳一津疏，四卷，二册，道光乙酉刊。

廣雁〔五〕蕩山志曾唯，二十九卷，四册。

古今圖書集成殘一册，中有臨洮、鳳陽、福建疆域圖，龍虎、赤嶼、滿君、嶽麓諸山圖。世俗動稱銅板，以銅鏤板，談何容易。惟是書的是銅鑄活字擺印，其圖則另板刻者〔六〕。此殘帙不及萬中之一，然極精緻，聊存一式耳。

蕊珠仙館水利集烏程凌介禧，六卷，六册。

華嶽全集明馬世耀等輯，十三卷，四册，萬曆丁酉刊。

泰山志休寧金棨，二十卷，十册，嘉慶中刊。

黄山志新安閔麟嗣纂次，八卷，七册，首有圖，精，康熙中刊，佳印初印。

揚州水道記劉淇，四卷，未訂，四札。

〔一〕《影山》此條前有：「《山海經》二册，晋郭璞，十八卷。《水經注》十册，漢桑欽撰，後魏酈道元注，四十卷。」並合注：「黄晟精刊印。」《水經注》上有眉批：「此種用過録孫校贈李眉翁。」

〔二〕《影山》在《山海經》、《水經注》兩條後有合注：「明吴琯刊。」

〔三〕《影山》後有「聚珍」二字。

〔四〕《行篋》誤作「漪漪文鈔」，據《影山》改。《影山》後又注：「海珊贈。」

〔五〕雁：《行篋》誤作「雅」，據《影山》改。

〔六〕《影山》此處多「亦極精緻」四字，而「聊存一式耳」前少「然極精緻」四字。

七十號

韓集〔一〕十二册，一匣〔二〕。

柳集唐柳宗元，宋張敦頤音辨，童宗説注釋，潘緯音義，《正集》四十三卷，《別集》二卷，《外集》二卷，《附録》一卷，二匣十二册，南宋刊初印，半頁十三行，行二十三字〔三〕。

山谷外集詩注宋黄庭堅，宋史容注，十七卷，一函八册，淳祐庚戌閩憲刊本，半頁九行，行十九字，手校，有跋。

山谷前集詩注宋黄庭堅，宋任淵注，二十卷，四册，影宋舊抄，半頁十三行，行廿四字。

水經注漢桑欽撰，後魏〔酈〕道元注，四十卷，二函八巨册，黄晟精刊印，嘉慶中孫淵如朱墨詳校〔四〕。

山海經惠半農校本，一册〔五〕。

水經注釋補遺新安張匡學，二卷，一册。

玉篇廣韻一函二巨册，張刊初印，佳紙。

老子河上公注，一册，影山影南宋市箱本，細校。唐玄宗注道藏本一册，舊抄，以易州石刻細校，有跋。

鄧析子〔六〕一册，劉泖生手影南宋本。

鮑明遠集劉宋鮑照，一册，手校宋本，明刊。

河嶽英靈集〔七〕唐殷璠輯，二卷，二册，宋刊，廓字，寧宗嫌名數見皆缺，蓋寧宗時刊本，半頁十行，行十八字，手校。

唐五代詞一册，《全唐詩》中本，手校，詳。

陳簡齋詩箋注三十卷。附無（注）〔住〕詞箋注陳〔與義〕，宋胡穉注，一卷。手校，手抄叙。影抄宋紹熙元年本。

陳後山詩六卷詞一卷，二册〔八〕。

老子河上公注二卷。老子姚鼐章義二卷。共一册，手校宋本。

乾道永州大字本柳河東外集一卷，乾道改元季冬丙子，吴興葉程刊。售去。

知見書目〔九〕四册。

彙刻書目五册〔一〇〕。

手校簡目二部寄此箱内〔一一〕。

任注黄山谷二十卷〔一二〕六册，紹興大字本，硃印。

〔一〕《影山》前有：「宋景定刊本《老子》一册，《荀子》二册，辛亥移入此箱。」又有勾去文字：「《通典》二十五册，明李元（楊）〔陽〕刊本；《通志略》二十册；《皇朝通志》三册，殘；《欽定續通志略》十八册；《牧令書》二十册。」又有浮簽：「七十號：《簡目》十二册，《四庫存目書目》一函六册，戊申六月取。」

〔二〕《影山》後有：「宋朱熹《考異》，王伯大《音釋》，《正集》四十卷，《外集》十卷，附《遺文》，南宋刊，初印，半頁十三行，行廿三字。」

〔三〕《影山》注：「移入百十一號。」《行篋》注：「並移入百十一號。」又注：「售去。」

〔四〕《行篋》下注：「售去。」《影山》有眉批：「賀幼誠借，乙未七月。」後圈去。

〔五〕《影山》後有：「百卌六號移來。」

〔六〕《影山》眉批：「幼借。」後圈去。

〔七〕《影山》有眉批：「賴樹借，丙子七月。」此條後有：「《簡明目録》十二册，合五厚册；《四庫存目書目》一函六册。」

〔八〕《行篋》《影山》下注：「卌八號移來。」

〔九〕《行篋》下添寫：「《四庫存目書目》，百卌九號移來。」

〔一〇〕《行篋》下添寫：「百卌九號移來。」

〔一一〕《行篋》下添寫：「百卌九號移來。」《影山》此條作：「楠盒内手校《簡目》二部，一小字注，一大字注，寄此箱内。」

〔一二〕《影山》前無「任注」二字，後多「任淵注」三字。

七十一號

漢會要宋徐天麟，七十卷，十册，聚珍。

弇山堂别集明〔王〕世貞，一百卷，二十册，萬曆中刊。

唐會要宋王溥，一百卷，二十册，活字本。

人明會典萬曆乙酉重修，十三卷，十二册。

五代會要宋王溥，三十卷，六册，道光辛卯信芳閣王氏活字印。

大清會典圖嘉慶中桂慶等奉敕，凡百三十卷，二十册。八十七卷已下輿地圖，全十册，入六十七號。缺七十六至八十六凡十一卷，天文儀器等圖。

通志略〔一〕明陳宗夔輯，五十一卷，二十册，正德庚戌龔用卿刊。

殘本皇朝通志三册。 續通志十八册〔二〕。

牧令書二十册，川本〔三〕。

〔一〕《影山》眉批：「李勉公借，癸酉十二月。」後圈去。

〔二〕《影山》後有勾去文字：「《通典》二十五册，已買書局，李元陽本。」

〔三〕《影山》旁注：「李章甫借。」

七十二號

貞觀政要唐吴兢，元戈直集論，十卷，二册，掃葉山房刊。

金佗粹編宋岳珂，二十八卷，《續編》三十卷，六册，明嘉靖壬寅刊，大字，佳紙印。

弟子記編年記阮文達事，蓋年譜之内，其門人張鑑編，八卷，二册。

如山于公年譜蓋平縣于成龍其嗣所編，二册。

李文貞公年譜李光第，其孫清植編，二卷，二册。

戚少保年譜耆編明戚繼光，其嗣國祚編，十二卷，十二册。

新刊名臣碑傳琬琰集宋杜大珪編，凡三集，十册，殘。上集二十七卷（缺一之四，又十四之十八，可四本），中集五十卷（缺十八之五十二，可四本），下集二十五卷（缺十三之二十五，可二本），宋刊，十五行，行廿五字。

宋名臣言行録宋朱熹編，《前集》十卷，《後集》十四卷，《續》八卷，《别集》上下各十三卷，《外集》十七卷，十二册，仿宋精刊本。

元名臣事略元蘇天爵，十五卷，三册，舊抄，以元元統乙亥刊本校過。

世本輯補江都秦嘉謀輯補，十卷，六册。

貳臣傳四册。　逆臣傳二册。　鈔本。

唐律疏議[二]唐長孫無忌等撰，三十卷，共四册，孫星衍、顧廣圻手摹元至順壬申本上板，精刊印。

宋提刑洗冤集録宋宋慈編，五卷，孫氏刊元槧本。

洗冤録表四卷，一册。　律表三十八卷，五册。　曾德恒編，共六册。

史懷明鍾惺，十七卷，四册。

史異編明余文龍，十七卷，二册，萬曆中刊。

焚椒録遼王鼎撰，一卷，一册，批面，影抄舊本，手校。

元秘書志元王士點等編，十一卷，四册，舊抄影至正本。

唐六典唐玄宗御撰，三十卷，二册，掃葉山房刊。

酌中志明劉若愚，二十三卷，二册，舊抄。

欽定詞林典故乾隆十二年張廷（鈺）〔玉〕等奉敕輯，八卷，五册。

孤忠小史元戴九思編，存第以下七卷，一册，元明間舊抄，批面。

南朝史精語宋洪邁，十卷，一册，吴照刊。

千百年眼明張燧，十二卷，一册，萬曆甲寅刊。

史案吴裕垂，二十卷，六册。

韓忠武王祠墓志顧沅輯，六卷，二册。

〔一〕原作「義疏」，誤，是書名「疏議」，據改。

七十三號

元史明宋濂、王褘奉敕，二百十卷，六十册，明弘武三年刊，大字本，明袁中徹舊藏。

明史張廷（鈺）〔玉〕等奉敕，《本紀》廿四卷，《志》七十五卷，《表》十三卷，《傳》二百廿卷，凡三百三十二卷，缺百十三至三百零七，五十六册〔一〕。

〔一〕《影山》後有：「又有卷二百十至二百十四兩本；又有卷百二十、百二十一、百二十六、卷三百零九至三百零七。中仍缺卷一百五十、一百七十一至百九十。《明史》，鄂局杭連印本，此同岑刊《舊唐書》、《南北史補志》另裝大板箱内。」另有《明史》杭連局本，卷百十四至三百零七。各卷可補入。

七十四號

明史稿 王鴻緒奉敕，《紀》十九，《志》七十，《表》九，《傳》二百五，凡三百十卷，五十二册，敬慎堂刊。

金源札記 烏程施國祁，二卷，一册。

新舊唐書互證 汪縣趙超祖，二十卷，五册，嘉慶癸未刊。

元史本證 蕭山汪輝祖，五十卷，四册，嘉慶七年刊。

元史藝文志 錢大昕，四卷，二册，嘉慶庚申精刊。

元史族世表 錢大昕，三卷，二册。

廿二史考異嘉定錢大昕，一百卷，附《三史拾遺》五卷、《諸史拾遺》五卷，二十三册。

十七史商榷〔一〕東吴王鳴盛，八卷，八册，乾隆丁未刊。

契丹國志二册。大金國志四册。七十五號移來。

〔一〕榷：《行篋》誤作「確」，據《影山》改。

七十五號〔二〕

西魏書〔三〕南康謝啟昆，二十四卷，六册，乾隆乙卯刊。

十國春秋仁和吴任臣，百十六卷，二十四册，乾隆癸丑刊。

東觀漢記二十四卷，一册，掃葉刊。

國語校注汪遠孫，八卷，二册，仿宋精刊初印。

國語附汪遠孫《考異》，五册，鄂局復黄刻。

國策五册，鄂局復黄刻。

南漢書順德梁廷枏，十八卷，附《南漢叢録》二卷，《南漢文字》四卷，二册，道光乙丑刊。

季漢書明謝陛，六十卷，十二册，萬曆間刊。

南唐書宋馬令，三十卷，三册，嘉靖庚戌姚昭精刊印[三]。

陸氏南唐書宋陸游，十八卷，一册，汲古閣[四]初印。

吴越備史宋錢儼，四卷，一册，掃葉刊。

通典唐杜佑君卿，二百卷，四十册。嶺南本，半頁十一行，行廿字，每類書題後有撰書及刻書人[五]銜名三行。百廿七號移來。卷百十、百十一、百十二、又百廿五、廿六、廿七、又百三十、三十一、三十二，以上(八)〔九〕卷，半頁十行，行廿三字，板中縫頂格有某類字，下有刻工名及字數，蓋明刊。卷百五十七、五十八，上二卷，半頁十行，行十八字，板中縫頂格亦有某類字，下亦有刻工名，無字數，似明李元陽刊本。

隆平集宋曾鞏，二十卷，四册，康熙丙申曾子宸刊。

遵義府志校様本二十册。

〔一〕《影山》下注：「誤貼六十九號。」

〔二〕《影山》此前有：「《契丹國志》二册，宋葉隆禮奉敕，二十七卷，乾隆癸丑刊。《十六國春秋》十六册，魏崔鴻，百卷，乾隆四十六年汪日桂校刊，已移置百十四號。《大金國志》四册，宋宇文懋昭，四十卷，嘉慶丁巳掃葉山房刊，已移百十五號。」

〔三〕《影山》下注：「癸丑五月楚生函取去。」

〔四〕《影山》無「閣」字。

〔五〕《行篋》脱「人」字，據《影山》補。

七十六號

南史李延壽，八十卷，二十册，南雍嘉靖本。

魏書魏收，百三十卷，二十册，萬曆二十四年北監刊。

周書唐令狐德棻，五十卷，六册，明北監。

北齊書隋李百藥，五十卷，五册，北監。

隋書唐魏徵，八十五卷，二十册，康熙二十五年修明北監本，佳紙印。

北史李延壽，百卷，十六册，同上。

金史元脱脱等奉敕，百三十五卷，二十册，嘉靖八年南監刊〔一〕。

〔一〕《影山》後有：「《南北史補志》八本，江寧汪士鐸撰。此同鄂局《明史》、岑刊《舊唐》另裝大板箱内。」

七十七號

舊唐書後晋劉昫，二百卷，六十册，乾隆四年殿本。

五代史記宋歐陽修，七十四卷，六册，徐無黨注，汲古初印。

五代史補宋陶岳，五卷，汲古刊。

舊五代史宋薛居正，百五十卷，十六册。

唐書唐歐陽修、宋祁，二百七十三卷，二十四册，汲古初印。

唐書釋音二十五卷，一册，殿本〔一〕《唐書》中本。

五代史記纂誤補吴蘭庭，四卷，又附録，三册〔二〕。

〔一〕本：《影山》作「板」。

〔三〕《影山》後有：「《舊唐書逸文》二册，甘泉岑建功，十二卷，道光二十九年刊，初印。《舊唐書》，岑刊初印，校樣本。此同《明史》、《舊唐》、《南北史補志》另裝大板箱内。」

七十八號

宋史元脱脱等奉敕，四百九十六卷，一百册，明南監本〔一〕。

遼史拾遺厲鶚，二十四卷，乾隆間刊。

遼史元脱脱等奉敕，一百十六卷，八册，南監。

〔一〕《影山》後有勾去之注：「仲攜四百八十三至九十六二本。」

七十九號

史記評林廿四册，印遲〔一〕。

王本史記三家注，明震澤王氏刊，二十册〔二〕。缺：《序例》、《謚法》、《目録》、《三皇紀》、《本紀》五、六，又八之十二，《表》七、八、九、十，《書》一、二，又七、八，《世家》十之二十，《列傳》四十一之四十四，五十一之六十六，七十並《後序》〔三〕。

北監本馮校史記二十册，印遲〔四〕。

讀史記十表汪越輯，徐克范補，十卷，四册，雍正元年刊。

空山史記評注滋陽牛運震，十二卷，八册。

〔一〕《影山》後注：「戊申查，只廿一册。缺《史記》廿三至卅〇、百十八至百三十。」

〔二〕二十册：《影山》作：「二十册，殘。楚生取去。」

〔三〕《影山》眉批：「在廿四號：柯本一册《史記》，卷廿七之廿八《天官書》五、《封禪》。在廿四號。」

〔四〕《影山》注：「戊申查，只十九本，缺一册。」該條後又有若干《行篋》該號未有條目：「《廣雅疏證》八本，廿四號移來。《史記索隱》一册，取出。《漢書地理志》一册，第八上下二卷，汲古本，遲印。毛本《史記》，取出。《史記志疑》，取出。《漢書注校》，汪遠孫，一册，仿宋精刊。《新斠注漢書地理志》，錢坫，十六卷，戊申查僅五本，缺卷七至十二卷。《後漢書注又補》，嘉興沈銘彝，一卷；又《三國志辨誤》一卷，宋人撰，鈔本，共一册。《補後漢書年表》宋熊方，十卷，二册。」

八十號

漢書北監本顔注，百卷，廿六册，佳紙初印，大。

後漢書北監本宋范曄，百二十卷，三十册，佳紙初印。

後漢書補注惠棟，廿四卷，八册。

熊氏補後漢書表宋熊方，十卷，三册，鮑以文精校刊，初印。　又二册，白紙印。　又一册，單刊本。

錢氏重校後漢書表錢大昭，八卷，五册。

後漢書補逸錢唐姚之駰，八卷，六册，康熙甲午刊。

汪校漢書地理志汪遠孫，二卷，一册，精刊。

斠注漢書地理志嘉興錢坫，十六卷，八册，嘉慶二年刊。

後漢書補注又補嘉興沈銘彝，一卷，刊本。　三國志辨誤失名，《四庫提要》以爲宋之遺民撰，一卷，鈔本。

合一册。

漢書西域傳補注大興徐松星伯撰，二卷，一册[一]，道光九年張琦序刊。

[一] 一册：《行篋》作「一册一册」，據《影山》删。

八十一號

三國志晉陳壽，宋裴松之集注，三十卷，十二册，明陳仁錫刊，大字注。

南宋沈約，百卷，二十八册，南監，遲印。

晉書唐太宗，百三十卷，二十册，明吴琯仲虚西爽堂校刊，初印佳。

南齊書梁蕭子顯，五十九卷，十册，明北監，善。

梁書唐姚思廉，五十六卷，六册，北監，尚少缺字。

陳書唐姚思廉，三十六卷，四册，北監，善。

梁書姚思廉，五十六卷，四册，汲古，初印。

補梁疆域志陽湖洪齮孫，四卷，一册。

八十二、三兩號八十二號一集至十一集

粤雅堂叢書共二百七十册，分二十集，咸豐三年南海伍崇曜刊。

茶村兩説録涇縣吴國俊，六卷，六册。

命度説一册。

輿地經緯度里表長沙丁取忠，一卷，一册。

八十四號

全唐詩康熙四十年曹寅等奉敕校刊，分十二函，附《五代詞》，一百二十册，内板，初印。

八十五號

王船山遺書明王夫之，凡七十七種，二百八十八卷，二百册，同治四年湘鄉曾氏刊。

八十六、七兩號八十六號第一至十八函〔一〕

知不足齋叢書歙鮑廷博，二百四十册，三十函。

讀畫齋叢書三十三册，嘉慶四年桐川顧修刊。

〔一〕《影山》夾有浮簽：「《丁亥入都記程》十部，《巢經巢詩鈔》十部，《拙尊園叢稿》八部，《儀禮私箋》十部，《説文逸字》十部，《巢經巢遺文》附《詩鈔後集》三部，《十三峰書屋全集》一部，《勸學録》十部。珍孫寄來。」

八十八、九兩號

淵鑒類函一百八十册，康熙四十年張英等奉敕，古香齋袖珍，初印，紙長大。

山西志略長白雅德，十卷，十册，乾隆四十五年刊，小本。

寶刻類編失名，八卷，四庫目定爲宋末人撰，八册，道光戊戌劉喜善仿宋巾箱本，初印。

七修類稿明仁和郎瑛，五十一卷，附《續稿》七卷，十六册。

元新編事文類聚元劉應李，九十八卷，缺十集，十二册，存乙、己、庚三集，零戊集一本。元刊本，批面兩册。

知足齋叢書甘泉黄奭輯，一册。**正誼録**一卷，一册〔一〕。

歷代畫史彙傳長洲彭藴璨，七十二卷，三十二册。

江南縮聚珍版書二十五册，凡九種。《海島算經》，晋劉徽，唐李淳風注，一卷，一册；《農桑輯要》，元司農司，七卷，三册；《甕牖閒評》，宋袁文，八卷，二册；《拙軒集》，金王寂，六卷，二册；《禹貢指南》，宋毛晃，四卷，二册；《漢官舊儀》，漢衛宏，二卷，附《補遺》，一册；《傅子》，晋傅元，一卷，一册；《帝範》，唐太宗御撰，四卷，一册；《直齋書録解題》，宋陳振孫，二十二卷，十二册〔二〕。

歷代畫家姓氏便覽馮津，六卷，六册〔三〕。

佩文齋書畫譜百卷〔四〕，十六册，石印。

〔一〕按此《知足齋叢書》之「一册」即指《正誼録》。

〔二〕《行篋》脱「宋陳振孫，二十二卷，十二册」，據《影山》補。

〔三〕《影山》下有「《易集解》、《口訣》、《夏小正》等等，《岱南〔閣〕叢書》八本。」

〔四〕《行篋》脱「百卷」，據《影山》補。

九十號

平津館叢書四十八册，孫星衍刊，凡十集。

漢魏遺書八册，嘉慶間金谿王謨輯，凡百八種，又五十四種。

藤華館拾種一四册，順德梁廷枏撰，《論語古解》十卷，《南漢書》十八卷，《南漢書考異》十卷，《南漢叢録》二卷〔二〕，《南漢書文略》四卷，《金石稱例》四卷，《續金〔石〕稱例》四卷，《碑文摘奇》一卷，《博考書餘》一卷，《曲話》五卷。

藝海珠塵三十二册，南匯吴省蘭輯，凡八集〔三〕。

當歸草堂叢刻十册，凡八種，同治初錢唐丁氏刊。宋吕本中《童蒙訓》三卷，元程（瑞）〔端〕禮《讀書分年日程》三卷，明敖英《慎言集訓》二卷，明温璜《温氏母訓》一卷，陸隴其《松陽鈔存》二卷，桑調元、沈廷芳《切近編》一卷，桐城蘇惇元《張楊園先生年譜》一卷，仁和邵懿辰《忱行録》一卷。

周松靄遺書六册，寧海周春，八種。《十三經音略》十二卷，《小學餘論》二卷，《中文孝經》、《外傳》一卷附，《代北姓譜》二卷，《遼金元姓譜》一卷，《杜詩雙聲疊韻譜括略》八卷，《選材録》一卷，《遼詩話》一卷。

〔一〕《行篋》脱「《南漢叢録》二卷」，據《影山》補。

〔二〕集：《行篋》誤作「卷」，據《影山》改。

九十一號

宜稼堂叢書四十册，上海郁松年泰峰刊。

續後漢書宋蕭常，四十二卷，《音義》四卷，附郁松年《札記》四卷，四册。

續後漢書元郝經，九十卷，附郁松年《札記》四卷，十六册。

數書九章宋秦九韶，十八卷，附郁松年《札記》四卷，五册。《詳解九章》一卷，《詳解九章纂類》一卷，附宋景昌《札記》。《田畝比類乘除捷法》二卷，附郁松年、楊輝《算法札記》。《算法通變》、《乘除通變》、《法算取用》、《續古摘奇算法》各一卷。以上並宋楊輝，共五册。

剡源集元戴表元，三十卷，附郁松年《札記》，八册。

清(溶)〔**容**〕**集**元袁桷，五十卷，附郁松年《札記》，四册〔一〕。

二長物齋叢書三十六册，黄本驥撰，八種。《聖域述聞》二十八卷，《避諱録》五卷，《皇朝經籍志》六卷，《歷代職官表》十二卷，《湖南方物志》八卷，《古誌石華》三十卷，《顔魯公集》三十卷（黄本驥新編本，首有《年譜》）。

趙(漚)〔**甌**〕**北七種**四十八册，陽湖趙翼。《廿二史札記》卅六卷，《陔餘叢考》，《簷曝雜記》，《皇朝武功紀盛》，《詩鈔》，《詩話》，《甌北集》。

沈果堂遺書八册，吴江沈彤，凡五種，《果堂集》十二卷，《周官禄田考》三卷，《儀禮小疏》三卷，《尚書小疏》、《春秋左傳小疏》各一卷。

〔一〕按以上數種均隸於《宜稼堂叢書》。

九十二號

抱經堂叢書五十六册。凡十八種，乾隆間錢唐盧文弨校梓。《經典釋文》唐陸德明，三十卷，附盧文弨《考證》三卷；《孟子音義》，二卷；《新書》，賈誼，十卷；《儀禮注疏詳注》，盧輯，十七卷；《春秋繁露》，漢董仲舒，十七卷；《荀子》，唐楊倞注，二十卷（此種嘉善謝墉刊）；《白虎通》，漢班固等奉敕，四卷；《逸周書》，晉孔晁注，十卷；《方言》，漢揚雄紀、晉郭璞注，十三卷；《獨斷》二卷，漢蔡邕；《西京雜記》二卷，漢劉歆；《顏氏家訓》七卷，北齊顏之推；《三水小牘》二卷，〔唐皇甫枚撰〕；《群書拾補》三十九卷，盧〔文弨〕校經以書凡三十七種；《解春文抄》十二卷、《補遺》二卷、《詩抄》二卷，錢唐馮景；《鍾山〔札〕記》四卷，盧〔文弨〕撰；《龍城札記》，盧〔文弨〕撰；《抱經堂文集》三十四卷，盧〔文弨〕撰。

經訓堂叢書三十二册。太倉畢沅校正，凡廿三種，乾隆中刊，初印。《山海經》十八卷，郭璞傳，畢沅校正；《夏小(政)〔正〕考注》，漢戴德撰，畢沅考注；《道德經考異》二卷，畢沅考異；《墨子》十五卷，《目》一卷；《三輔皇圖》六卷《補遺》一卷，唐人輯；《王隱晉書地道記》一卷；《晉書地理志新補正》五卷，畢沅；《晉太康三年地記》一卷，畢沅集；《長安志》二十卷，宋敏求(《長安圖》三卷，河濱漁者編類圖説，張敏同校正)；《明堂大道録》八卷，惠棟；《易漢學》八卷，惠棟；《閩中金石記》八卷，畢沅；《經典文字辨正書》五卷，畢沅；《音義異同辨》一卷，畢沅；《樂游聯唱集》二卷，畢沅、孫星衍及諸同游聯句；《説文解字舊音》二卷、《禘説》二卷，惠棟；《吕氏春秋》二十六卷，宋高誘注，畢沅輯校；《釋名疏正》八卷，漢劉〔熙〕撰，畢沅疏證；《篆字釋名》八卷《補遺》、《續》一卷；《中州金石記》五卷，畢沅；《晏子春秋》七卷，孫星衍《音義》二卷。

文選樓叢書二十四册。儀徵阮元刊，道光癸未刊。《曾子注釋》四卷，阮元；《考工記車制圖》二卷，阮元；《述學》二卷，汪中；《溉亭述(學)〔古〕録》二卷，嘉定錢唐；《鄭儀堂文集》二卷，孔廣森；《詁經精舍文集》十四卷，阮元手訂；《定香亭筆談》四卷，阮元；《小滄浪筆談》四卷，阮元；《鍾鼎款識》十卷，阮元；《廣陵詩事》十卷；《華山碑考》四卷；《八磚吟館刻燭集》三卷，同時諸人吟詠，阮元。

梅瑞軒輯逸書十種六册，道光中高郵茆泮林。《唐明皇刊定月令》一卷，李林甫等注解；《世本》一卷，古史官所記，茆泮林輯；《楚漢春秋》一卷，漢陸賈撰，茆泮林輯；《三輔決録》一卷，漢趙邠卿，茆泮林輯；《古孝子傳》一卷，茆泮林輯；《司馬彪莊子注考逸》一卷；《淮南萬畢術》一卷；《范子計然萬物録》一卷；《郭氏元中記》一卷，以上並茆泮林輯。

瓶花書屋叢刻十一册。道光戊申刊，凡十一種，又附一卷。《守城録》，宋陳規，四卷；《救命書》，明吕坤，二卷；《手臂録》，吴殳，四卷，又《附録》二卷；《折獄〔一〕龜鑑》，宋鄭克，八卷；《治世龜鑑》，元蘇天爵，一卷；《練兵實紀》，明戚繼光，十五卷；《肘後備急方》，晋葛洪，八卷；《歷代兵制》，宋陳傅良集；《陣紀》，明何良臣，四卷；《康濟録》，乾隆御定，六卷；《荒政全書》，俞森，十卷附二卷；魏廷珍《伐蛟説》一篇；《捕蝗考》，陳芳生，一卷。

〔一〕獄：《行篋》誤作「嶽」，據《影山》改。

九十三號

守山閣叢書八十册，凡一百十種，通計六百五十有二卷，始道光十二年壬辰，迄辛丑刊成，金山錢熙祚錫之校。

附

（河洛精蘊）〔紀效新書〕四册，明戚繼光，十八卷，道光二十一年朱壽昌刊。

（紀效新書）〔河洛精蘊〕二册，江永，九卷，乾隆甲申蘊真書屋刊。

九十四號〔一〕

蛉石齋詩鈔二册。

移芝室古文楊彝珍，一册。

亂定草一册。又

江忠烈公遺集行狀二册。

臺垣疏稿一册。

騈文一稿一册。

菰蘆筆記一册。

魯通父詩摘録一册，批面。
賓萌外集一册。
微尚齋詩集一册。
蓬萊閣詩録一册。
聽雨山房文鈔二册。
春秋目論一册。
娱志堂詩鈔一册。
論德録一册。
黄小田集二册。
雙梧山館文鈔六册。
陸清獻公遺迹一册。
欽齋詩稿二册。
雜行狀事迹共三十六册。

儀衛軒集四册。

漆室吟四册。

許玉峰集一册。

天開圖試帖二册。

苔芩集二册。

餐花室詩稿一册。

心太平〔三〕館吟稿二册。

金臺游學草一册。

青要集二册。

白香亭詩一册。

緑雪堂遺集六册。

伏敔堂詩録四册。

内自訟齋詩鈔二册。

壯學齋文集四册。
宜雅堂遺集一册。
遜學齋文集一册。　又詩鈔二册。
娵偶集二册。
藤香館詩鈔四册。
竹瑞〔三〕堂詩鈔四册。
龍壁山房王錫振，十二卷，二册。　又文鈔吴嵩梁，一册。
繞竹山房詩稿八册。
來鶴先生文稿三册，鈔本，校徐刊多三十九首。
枕經堂駢體文方小東，二册。
龍壁山房文集五卷，二册，徐茮岑校刊本。
胡文忠遺集八册。
息舫合刻一册。

閏榻先生全集十六册。

經笥堂文鈔一册。

堅白石齋詩集四册。

碧螺山館詩鈔馮桂芬，二册。

二知軒詩續鈔方濬頤，十二册。

美人揉碎梅花迴文一册。

石友山房詩集一册。

蓉湖詩鈔一册。

行素軒詩存倪文蔚，二册。

秋聲館遺集三册。

鴻雪聯吟一册。

鶇湖游草一册。

初桄齋詩集二册。

劫餘軒存稿一册。

丹魁堂詩集三册。

追甫詩集一册。

四養齋詩稿一册。

吴徵君遺集一册。

小西腴山館詩鈔一册。

四照堂詩集四册。

寄吾草二册。

鏡真山房試帖四册。

西笑山房詩鈔四册。

黔南集一册。

拙尊園叢稿黎庶昌，二册。

稿子本十三册。

〔一〕《影山》此號箱中尚有多於《行篋》者：「《夢硯齋遺稿》四册，黎姑丈借。《内心齋詩稿》一册、《定齋先生猶存集》四册，寄黔。《續銅仁唱和詩鈔》一册、《依隱齋詩鈔》十册、《蒲編堂詩存》四册，寄黔。《雙劍山房詩存》一册、《侍雪堂詩鈔》二册、《葑煙亭詞》一册，又，取出備寄小珊。《依硯齋詩鈔》一册、《慕耕堂詩鈔》一册、《琴州詞鈔》一册，黎菽丈取去。」

〔二〕《行篋》脱「平」字，據《影山》補。

〔三〕瑞：《行篋》誤作「端」，據《影山》改。

九十五號

安吴二種叢書八册。

中復堂全書三十册。

幾何原本八册。

則古昔齋算學六册。

聽雨山房文四册。

春雨樓叢書四册。

壽華堂書二册。

頤志齋叢書二十册。

書傳補商六册。

味經山館詩文四册。

通藝録八册。

切韻考八册。

劉端臨遺書四册。

汪龍莊遺書六册。

指海殘本二十二册。

九十六號[一]

榕村制藝七册。

儀衛軒文集二册。

戴田有制藝五册。

邵位西遺文二册，未訂。

制藝約編二册。

唐寫本木部箋異二十三册。

待雪堂詩鈔二册。

幾何十六册，未訂。

葤煙亭詞鈔一册。

重學十六册，訂巨本。

律賦凌雲二十四册。

牧令書二十册。

慶曆文讀本十二册。

游定夫集四册。

郘亭詩鈔十四册。

幾何十六册，訂成。

近思録三册。

竹瑞堂詩鈔四册。

庸吏庸言三册。又三册。共二部。

重學十六册。

江忠烈公遺集四册。

蛉石齋詩鈔四册。

江忠烈公行狀三册。

陳文恭手札三册。

遜學齋詩鈔四册。

〔一〕《影山》有眉批：「此箱空大半，須查。」

九十七號

敬齋古今黈元李治，八卷，覆聚珍本，一册。

考古質疑宋葉大慶，六卷，覆聚珍，一册。

困學紀聞宋王應麟伯厚，閻若璩箋，二十卷，四册，初印校樣本。

又困學紀聞十二册，汪垕校刊何焯校本。

又困學紀聞十二册，何、閻、全、方、程、錢、萬七家箋本，嘉慶十六年刊。

群書疑辨萬斯同，十二卷，四册，嘉慶丙子供石亭刊本。

通俗編仁和翟灝，三十八卷，八册，乾隆中辛未刊本。

米襄陽志林宋米芾，十三卷，一册，附《遺集》、《海嶽名言》、《寶章待訪録》、《硯史》各一卷，明范明泰編刊本。

緯略一册，宋會稽高似孫輯，十二卷，明繡水沈士龍校刊。

夢溪筆談宋沈括，二十六卷，附《補》三卷、《續》一卷，二册，崇禎四年嘉定馬元調據宋乾道本校刊。

學林宋王觀國，十卷，四册，湖海樓雕本。

容齋五筆宋洪邁，《隨筆》十六卷，《續筆》十六卷，《三筆》十六卷，《四筆》十六卷，《五筆》十卷，十册，二套，乾隆甲寅掃葉山房刊本。又一部，十册，缺《五筆》十卷。

袖海樓雜著四種二册，嘉定黄汝成潛夫，十二卷，《日知録刊誤》四卷，《文録》六卷，《歲實考校補》一卷，《朔實考校補》一卷，道光十八年刊。

日知録注崑山顧炎武，三十二卷，嘉定黄汝成集釋，十二册，二套，道光十四年嘉定黄氏刊。

多識録連平練恕伯穎，四卷，又《附録》，二册〔一〕，道光十八年練氏刊於上海。

義門讀書記何焯，六卷，六册，乾隆辛未何祖述刊。

漢學商兑桐城方東樹，四卷，附《刊誤補義》一卷，五册，道光辛卯刊。

書林揚觶方東樹，一卷，附《刊誤補義》，二册，辛卯刊。

大意尊聞一册，方東樹，三卷附，同治五年方宗誠刊。

通雅桐城方以智密之，五十二卷，又《通雅刊誤補遺》一册，乾隆中張裕葉〔補校〕，一卷，十二册，康熙中刊本。

〔一〕連平練恕伯穎，四卷，又《附録》，二册：《行篋》誤作「何焯，六卷，四册」，據《影山》改。

九十八號

玉海八十册，宋王應麟伯厚，二百四卷，元至元六年刊，明嘉靖時修補本。

玉海殘本二十册。

藝文類聚十八册，唐歐陽詢撰，一百卷，萬曆丁亥王元貞校刊。

小字録宋陳思，一卷。小字録補明吴淞沈弘正輯，六卷，共二册，萬曆己未沈弘正刊〔一〕。

〔一〕《影山》後有：「《康熙御定廣群芳譜》四十八册，一百卷，内本，印遲，尚無缺字，丁未寧買，尚未入箱。」旁注：「入百零五號。」尾注：「已入百零五號。」

九十九號

稗編四十册，明唐順之，百二十二卷，萬曆辛巳茅一相刊。

事類賦二册，宋博士渤海吴淑撰，明無錫華麟祥據宋紹興丙寅校刊。即嘉靖壬辰趙鷺洲守蘇刊於郡齋者。

回溪史韻殘本宋回溪錢諷正初編集，二十三卷，五册，舊鈔本。此書無刊本，《四庫》未收，阮氏後以進呈。

天中記明陳耀文，六十卷，三十册，明萬曆刊。

禽蟲述閩中袁達，一卷，鈔本。晴川蟹録仁和孫之騄〔一〕，一卷，刊本。共一册。

疑年録嘉定錢大昕，四卷。疑年續録海鹽吴修，四卷。共二册，嘉慶十七年吴修刊。

子史精華〔二〕四十册，四套。

事物紀原宋高承撰，十卷，舊鈔本，五册，據明正統閻敬刊本。又十六册，明刊格致本，毛子晉校宋本〔三〕。

〔一〕騄：《行篋》誤作「驟」，據《影山》改。

〔二〕《影山》旁有圈去文字「設官、政術」，並有眉批：「九叔取去。」按「設官」、「政術」爲《子史精華》中類目，未知莫祥芝所取是此兩類，還是《子史精華》全書。

〔三〕又十六册，明刊格致本，毛子晉校宋本：《影山》作：「《事物紀原》，宋高承，十卷，十六册，明刊《格致叢書》本，毛子晉校宋槧。」

一百號

鄉守輯要三册。

妥先類纂六册。
作邑自箴一册。
算法統總二册。
表忠録一册。
老子章義一册。
韓非子二册。
説苑二册。
新序一册。
管子八册。
守蒙紀略二册。
陽宅放水法一册。
六壬奇偶二册。
續三十五舉一册。

摘錦一册。

官子譜一册。

賈子二册。

新序一册。

封氏聞見記一册。

黄州稿志一册。

灸硯瑣談二册。

雙魚罌齋英平問答一册。

嘐嘐言一册。

金陵勛德記一册。

思問録一册。

必使無訟一册。

四禮翼一册。

廟祠祀典二册。

不遠復齋雜鈔二册。

金陵瑣事四册。

孔子家語二册，魏〔王〕肅注，十二卷，翻汲古閣刊本，印劣。

日知薈説二册。

平定粤寇紀略十八卷，附四卷，八册。

多能鄙事八册，缺卷五、卷十一、十二共三卷。

與古齋琴譜四册。　又補義一册。

銖寸録四册。

甌〔一〕隱芻言一册。

尊經閣祀典録一册。

忠義祠録一册。

香祖筆記四册。

端溪硯史一册。
芻論二册。
端溪研志一册。
激書一册。
荆楚歲時記二册。
鵝湖客話一册。
墨法集要一册。
格物問答一册。
鶴林玉露二册。
幾何八册。
重學四册。
曲綫説四册。
澗泉日記三册。

猗覺寮雜記一册。

穀山于文定公筆麈四册，一套。

植物學二册。

學海津梁一册。

津逮秘書第四集，六册。

稽神録一册。

易學啟蒙一册。

録異記一册〔二〕。

羅經透解二册。

百川學海殘帙六册。

癖談一册。

物茂卿辯道一册。

推測録二册。

神氣通一册。

廣卓異記二册。

癖顛小史一册。

水龍經一册。

守汴日志一册。

四民月令二册。

五經算術一册。

翼玄三册。

農書芻言常談一册。

草木子二册。

述記任兆麟，六册。

平播全書五册，缺。

穆天子傳晉郭璞注，六卷。竹書紀年二卷。洪頤煊校，平津館刊，共一册。

〔二〕甌：《行篋》誤作「歐」，據《影山》改。

〔三〕《影山》後有：「杜光庭。」

一百零一號〔一〕

荀子六册。

荀子補注一册。

韓非子八册。

老子翼一册。

老子莊翼四册。

莊子内篇二册。

楊子一册。

文中子一册。

齊民要術二册。

老子河上公注一册。

莊子郭注四册。

中立四子集六册。

古蒙莊子四册。

文中子二册。

吴勉學刻二十子中缺□子，共十一册。

荀子　孫子

吴子　鬼谷子

黄石公　商子

莊子　管子

文子　關尹子

文中子　司馬子

譚子　呂氏春秋

淮南子上並明吴勉學刊本〔二〕。

風俗通三册。

賈子二册。

春秋繁露二册。　又二册。

鹽鐵論二册。

白虎通二册。

潛夫論二册。

申鑒一册。

中論一册。

人物志一册。

論衡六册。

鴻南鴻烈四册。

孫子集注五册。

文心雕龍二册。

老子、列子合一册。

列子二册。

中乙經三册。

山海經二册。

家語疏證國朝仁和孫志祖，六卷。

新語一册。

家語注一册，宋王肅注，十卷，明吴(免)〔勉〕學刊本。

南華真經五册。

古今注一册。

劇談録二册。

墨子六册。

鬻子一册。

陸子新語一册。

劉子一册。

唐世説一册。

世説新語三册。

子華子一册。

韓非子二册。

文中子一册。

子華子、亢倉子合一册。

河汾書院文中子一册。

鹽鐵論注八册，明嘉靖刊〔三〕。

吕氏春秋五册。

玄珠密語四册。

病源十六册。

逸周書補注八册，晉孔晁注，江都陳逢衡補注，二十二卷，附《補遺》。

〔一〕《行篋》、《影山》此箱號上皆貼有浮簽：「百零一號箱，壬子十一月查未見。」

〔二〕上並明吴勉學刊本：《影山》無此句。

〔三〕明嘉靖刊：《影山》無此句。

一百零二號

數理精蘊三十八册，共七函。

律吕正義五册。

歷象考成三十六册，共五函。上並内本初印〔一〕。

勾股算術細草嘉慶中元和李鋭，一卷，一册，嘉慶丁卯張敦仁精刊。

四元玉鑑細草元朱世傑，上卷七門，中卷十門，下卷八門，附《四元釋例》一卷，易之瀚編，道光丁酉易之瀚刊，共六册。此《四庫》未收，阮氏後進呈。

九數通考虞山曾發輯，十三卷，六册，乾隆壬辰刊。

數書九章秦九韶，十八卷，附郁松年《札記》四卷。詳解九章附《札記》。楊輝算法五種共十册，道光壬寅郁氏宜稼堂刊。

楊輝算法一册，宜稼堂刊。

藝存録、開方釋（列）〔例〕共四册。

李氏遺書八册。

算法雜録一册。

經書算學天文考一册。

日星測時新表一册。

勾股引蒙一册。

算學十又種三册。

輯古算經一册。

歲躔考一册。

代微積拾級三册。

則古齋算學六册。

算學啟蒙二册。

幾何原本九册。

談天三册。

重學四册。

衡齋算學二册。

曲綫説一册。

六九軒算學四册。

疇人傳五册。

泰西水法二册。

詳解九章算法宋楊輝，一卷。田畝比類乘除捷法宋楊輝，二卷。詳解九章算法纂類楊輝，一卷。續古摘奇算法宋楊輝，一卷。詳解九章算法札記江陰宋景昌，一卷。楊輝算法札記宋景昌，一卷（宋景昌）。算法通變本末、乘除通變算寶、法算取用本末宋楊輝，共三卷。數書九章札記宋景昌，四卷。共六本，《宜稼堂叢書》本〔二〕。

數度衍四册。

三角法舉要一册，梅文鼎定九，五卷，精刊。

〔一〕上並内本初印：《影山》無此句。

〔二〕《影山》此條作：「《詳解九章算法》，宋楊輝，一卷；《詳解九章算法纂類》，宋楊輝編次，一卷；《詳解九章算法札記》，江陰宋景昌，一卷；《田畝比類乘除捷法》宋楊輝，二卷；《算法通變本末》、《乘除通變算寶》、《法算取用本末》宋楊輝，共三卷；《續古摘奇算法》宋楊輝，一卷；《楊輝算法札記》，宋景昌，一卷；《數書九章札記》宋景〔昌〕，四卷。共六本，《宜稼堂叢書》本。」

一百零三號

經史考〔一〕

續廣事類賦八册，小本。
古文雅正
元亨療馬集四册，小本。
左傳
外科症治二册，小本。
瘍醫大全五册，殘，小本。
外科金鑑十六册。
木草醫方六册。
類典約對八册，小本。
驗方新編八册，小本。
分類緘腋七册，小本。
干支偶録一册。
醫宗金鑑十二册，乾隆間和親王弘(晝)〔晝〕等奉敕纂，十卷〔三〕。

左傳注二十册，小本。

左傳八册，一函，袖本。

丁丑縉紳乙函。

分類緘腋二册。

〔二〕《影山》後有：「《七修類稿》，明郎瑛，廿四册。」

〔三〕《影山》後有：「又一部，各科七十四卷，十八本全，石印本。外科十六卷缺八至卷十三，卷六本缺二本。」

一百零四號

知不足齋叢書十九册，小本。

爻辰補四册。

李氏音鑑四册。

鈔幣芻言一册。

西吴蠶略一册。

歷代畫家姓氏便覽六册。

日知録二十册，二函。

陳氏禮書二十四册。

敦厚堂六經二册。

漁古軒詩韻二册。

歷代錢表一册。

詩韻合璧四册。

欽定四庫全書簡明目録十二册。

女科二册。

産後二册。

雲棧記程二册。

水經注十八册。
聖諭廣訓附編四册。
養一齋詩話四册。
宫閨百詠二册。
國朝六家詩鈔六册。
小倉山房四册。
忠雅堂集十册。

一百零五號

分類字錦六十四册〔一〕。
讀書記數略十六册。
事類賦六册。

廣事類賦十册。
四書類典串珠十二册。
人壽金鑑八册。
分類字錦七册，殘。
奩史十六册。
春秋左傳類對賦注一册。
史要四册。
金壺字考二册。
李氏蒙求四册。
三台詩林正宗六册。
春駒小譜三册[一二]。
月令粹編八册。

[一二]《影山》下注：「戊申查，缺卷第二卷一本。」又有：「《康熙御定廣群芳譜》四十八本，一百卷。」

〔三〕《影山》此條作：「《春駒小譜》一册，陳邦彦，二卷。《烏衣香牒》二册，陳邦彦，四卷。」

一百零六號

史姓韻編十八册〔一〕。

史記評林三十册〔二〕。

漢書志〔三〕二十册。

前後漢書二十四册。

班馬異同六册。

范氏後漢書批評二十四册。

歷代史表萬斯同，五十九卷，八册〔四〕。

〔一〕《影山》此條前有：「《史記集解》二十册。《香祖筆記》四册，王士禛，十二卷，初印本。《池北偶談》八册，王士禛，二十六卷，石印本。」

〔二〕《影山》後多「四函」二字。

〔三〕《影山》塗去「志」字。

〔四〕《影山》後有：「明仿宋本《通典》三十册。《歷代帝王年表》一册。」

一百零七號〔一〕

本草綱目四十册，明刊本〔二〕。

治痘全書十册。

農桑輯要一册。

本草備要二册。

農政全書二十四册，二函。

靈胎六種四册。

火攻挈要一册。

兵法紀略八册。

六韜十册。

虎鈐經六册。

金湯借箸十二籌一册。

草廬經略三册。

素問釋義三册。

温病條辨六册。

傷科補要四册。

瘍科心得集六册。

外科正宗六册。

針灸調一册。

牛痘新書一册。

引種牛痘保嬰新書一册。

萬方針綫一册。

女科二册。

診家索隱一册。

婦嬰新説一冊。

内科新説一册。

西醫略論一册。

中寒辨注一册。

黄氏醫書八種龐省翁借去，辛未三月初四日。

占本難經闡注周秦越人撰，乾隆間丁錦注，二卷，二册。

醫學指歸高郵趙術堂編輯，二卷，二册。

黄帝内經素問校義積溪胡澍，一卷，一册。

外國師船表許景澄，四册。

〔一〕《影山》本號箱有若干多於《行篋》者：「《脚氣集》等，一函六本。《事類賦》六、《廣事類賦》十，共十六本。《史記彙纂》，十本。《長恩書室叢書》，十四本，缺一本。《保嬰撮要》六册，薛一瓢，二十卷。《洄溪醫案》二册。《針灸大成》，十卷，明萬曆時都城楊繼州原本，光緒癸卯臨汾鄭維綱等校石印。丙午寧買。」

〔三〕《影山》無「明刊本」三字。

一百零八號

文選十二册〔一〕。

文選李注二十册〔二〕。

詩律武庫四册〔三〕。

唐賢三昧集一册。

文選字引一册〔四〕。

詞選一册。

古文資鏡〔五〕二册〔六〕。

駢體文鈔十册。

文心雕龍二册。

金石三例四册。

汪本隸釋刊誤一册，鈔本。

隸釋四册，初印，極大本。又刊誤大本。隸續二本，洪魯處换來者。

皇朝中外圖輿三十二册。

古文辭類纂十二册〔七〕。

瀛奎律髓八册。

東雅堂韓文蘇覆本十册。

杜詩鏡銓六册。

小石帆亭著録一册。

聲調譜、通韻譜一册。

歸方平點史記合筆四册。

呂東萊古文關鍵一册。

五言古詩箋八册。

欽定全唐文二册。

秦漢文四册〔八〕。

〔一〕《影山》後有：「明刊精。」

〔二〕《影山》後有：「宋刊十六册，以胡復本四册足之。」

〔三〕《影山》後有：「精刊印。」

〔四〕《影山》後有：「《十三經注疏》。」

〔五〕鏡：《行篋》誤作「鍗」，據《影山》改。

〔六〕此處裝訂倒置，今據版心所填箱號數復原。

〔七〕《影山》後多：「康刊初印。又吴刊初印，十二本，改八册。」

〔八〕《影山》後多：「《説文五音韻譜》十二册，宋徐鉉，十二卷，明覆宋本，初印，由十一號移來。《陳後山詩》一册。《莔升公手抄謝王詩》一册，又《謝顔鮑詩》一册，又《陰徐詩》一册。《抄張選詞》、《周詞辨》共一册，徵君公加丹黄本。《事類賦》三册，大本；《廣事類賦》八本，小本。《集虚齋集》四册，方棨如，十二卷。《素問釋義》三册，張琦，十卷。」

一百零九號

戰國策二十册。

藝文備覽十四册〔一〕。

司馬温公書儀一册。

老子章義二册。

唐説文木部箋異四册。

邵亭詩鈔一册〔二〕。

四書注疏六册。

春秋氏族二册。

春秋公穀傳八册[三]。

夏小正傳、易集解、急就章、易義九册。

大清會典十六册。

懷米山房吉金圖帖二册。

史傳鈔一册。

集印印稿四册。

靈飛經一册。

趙過秦論帖一册。

思古齋帖一册。

衛景武碑一册[四]。

〔一〕《影山》後多：「《初學檢韻》二册，移下號。《詩經》四册，小本。《易經》四册，小本。《篆字四書》五册，移下號。」

〔二〕《影山》後多：「《春秋提要》，八册，小本，一套。移百〇三號。」

〔三〕《影山》後多：「十三經注，二十册。移百〇三號。」

〔四〕《影山》後多：「趙《道德經》，一册。」

一百十號

唐詩別裁十册〔一〕。

讀史論略一册〔二〕。

大清通禮十二册。

小學二册。

古香齋初學記十二册。又綱目三編四册。

玉臺新詠二册。

東華録二册。

精華録六册。

詩觸四册。附《漁洋詩話》二册。

義山七律一册。

東華録十册。

史記選二册。

古文隨鈔一册。

讀詩隨鈔一册。

柳河東文集一册，舊刻。

韓子粹言一册。

字學五種一册。

營規録一册。

新增幼學故事瓊林二册。

皇朝輿地略一册。

邵亭詩鈔四册。

智囊四册。

路史十六册。

唐説文一册。

漢鈎字樣三册。

漢印分韻一册。

篆刻鍼度二册。

印學辨體二册。

泰山石刻一册，殘本。

學古編一册。

歷代典禮考一册。

揚州水道記二册。

治水一册。

言事文二册。

黄刻易書詩禮共二十册。

大清通禮十二册。

格言聯璧一册。

淮浙言最一册。

使事均知二册。

初學檢韻二册。

集古印譜二册。

〔二〕《影山》後多：「硃印《草韻辨體》，五册。」

〔三〕《影山》後多：「集漢印一册。」

一百十一號

說文解字十六册〔一〕。

復古篇五册。

東萊博議二册。

姓氏急就編一册。

宋本廣韻五册。

玉篇三册。

書經音訓一册。

集韻三册〔二〕。

宋本說文一册。

欽定清漢對音字式一册。

儀禮音訓一册。

類篇十四册〔三〕。

讀風臆評一册〔四〕。

字典考證二册。

孝經一册。

司馬温公書儀一册。

岳氏孝經二册。

六書分類十三册。

宋本韓柳集四匣，七十四號移來〔五〕。

手詳校檢目一篋。景定本六子。移入七十號。

乾道柳外集壬子賈去。

景定本老管莊荀移入七十號〔六〕。

〔一〕《影山》眉批：「此移何箱。」

〔二〕《影山》後多：「十卷，全，曹刻本，校宋本。」

〔三〕《影山》後多：「曹刊初印本，卷一上中下，一册，係鈔配。」

〔四〕《影山》後多：「殿本《康熙字典》，六函。」

〔五〕七十四號移來：《影山》塗去此句，改作「七十號移來」。

〔六〕《影山》無以上三條。

一百十二號

十七史蒙求二冊〔一〕。

金錯鱠鮮二冊。

史記彙纂十冊。

宜山先生注解選唐詩一冊。

陸宣公奏議四冊〔二〕。

讀史紀略一冊。

曾相國奏稿 冊。

陳文恭手札節要一冊。

周文忠公尺牘二冊。

陸清獻公治嘉格言一册。

射書二册。

音律指迷一册。

大清通禮儀纂一册。

欽頒州縣事宜一册。

牧令書輯要十册。

飛鴻堂印譜初集四册。

錢志新編雲間張崇懿輯，二十卷，四册〔三〕。

小學纂注四册。

小學集解三册。

聖諭廣訓四册。

近思録集注四册。

讀書分年日程一册。

文廟丁祭譜一册。

兩淮鹽法志十二册。　又續志略四册。

淮北票鹽志略六册。

管子六册。

程氏性理字訓一册。

大清通禮品官士庶儀纂一册。

漢雋一册。

荒政事覽一册。

保甲事宜一册。

四書定本辨正一册。

聖功養正一册。

廣修辭指南二册。

讀書作文譜二册。

求闕齋經史百家雜鈔目録一册。

古文詞略五册。

切問齋文鈔九册，殘。

芥舟學畫編四册。

格古要論四册。

明刑管見録一册。

泉幣圖説涇吴文炳、吴鸞輯，六卷，二册〔四〕。

晚笑堂畫傳二册。

芥子園畫譜十四册〔五〕。

無雙譜一册。

東軒吟社畫像一册。

乾隆欽定西清古鑑四十卷附錢録十六卷二十四本，石印本。

古印考略、印箋説、古今印制、續三十五舉、六書緣起、印説、再續三十五舉、古今印制、印言、重定續三十五舉、篆印發微、論印絶句、篆刻十三略、印辨、印學管見、印章考、印述、敦如堂論印、印箋説、印人傳、説篆、六書緣起、續印人傳以上共六册〔六〕。

〔一〕《影山》此條前有勾去條目:「《淮北票監志略》四册。送譚緒初方□己卯秋。」

〔二〕《影山》後有:「德堡取閲。」

〔三〕《影山》後有:「《錢幣圖説》二册,六卷,涇吴文炳、吴鸞輯。《虞夏贖金釋文》,劉師陸,一卷,一册,百十三號移來。」

〔四〕《影山》注:「已見本號前。」

〔五〕《影山》後注:「存四家。」

〔六〕《影山》該條順序多不同。後又有:「《西清古鑑》,移百十四號箱内。」

一百十三號

資治通鑑六十四册,仲武讀本〔一〕。

通鑑外紀二册。

通鑑甲子會紀二册。

地理通釋二册〔二〕。

〔一〕《行篋》旁注：「此同治初元曾文正公在安慶大營贈繩孫，明陳仁錫刊七編之全本。」《影山》此條作：「《資治通鑑》六十四册，附《釋文》、《辨誤》，仲武讀本。此七編明本，曾文正公贈繩孫。」後又有：「《續通鑑》十六册。」

〔二〕《影山》後有：「《書儀》一册。」

一百十四號

畢續通鑑六十册〔一〕。

史記索隱四册。

史記十册，二套。

綱鑑正史約十六册，二套。

文獻通考紀要二册。

聖武記八册〔一〕。

綱目三編二册。

〔一〕《影山》後有：「《史記索隱集解》一册，汲古閣初印。此贈蒯禮卿。」後圈去。

〔二〕《影山》後有：「《三國志》，局本，八册。」又有「《西清古鑑》一部，十二本」，上有眉批：「張階平（銘）借。」後圈去。

一百十五號

史記二十册〔一〕。

前後漢三十二册。

三國志八册。

文選十册。上四種並綿紙初印，金陵局本〔二〕。

〔一〕《影山》後有：「下四種並綿紙初印，金陵局本。」而《文選》下無「上四種並綿紙初印金陵局本」句。

〔三〕《影山》後有：「《兩浙金石志》一部。《硃印復古篇》三册，末一册須查，歸一處；又硃印三册；又墨印三册，丙午六月檢送羅申田。《恒軒所見〔所〕藏吉金録》二册，原本《古玉圖考》二册，吴大澂。《説文古籀補》二册，吴大澂，原初印。《求古吉金圖》四册，歙陳涇。」

一百十六號〔一〕

讀史兵略益陽胡林翼，四十六卷，十六册。

宋元明史兵略胡林翼稿本，約可分三十四卷，八册，鈔本。

前後漢書三十二册，皮紙印，金陵局本。

史記二十册，皮紙印，局本。

三國志七册，皮紙印，局本。

黔詩紀略原稿、清稿各一部。

郘亭遺詩清稿二部。

四書集注六册。　又白文七册。

萬首絶句二册。

文章軌範二部。

〔一〕《影山》該號書箱目録爲：「《讀史兵略》十六册，益陽胡林翼，四十六卷，。《宋元明讀史兵略》八册，胡林翼稿本，約可分三十四卷，鈔本，此古香閣石印過，大約光緒丙申間。《前》《後漢書》三十二册，皮紙印，金陵局本。《史記》二十册，皮，局，戊申查少《史記》十六本，不知小農等置何處，須檢歸。《三國》八册，皮，局。」另有勾去目録：「《楊園集》十六册，二部，未訂。《中庸集解》九册，未訂，戊申查。」

一百十七號〔一〕

洋防輯要八册。

隋書十二册，復汲古。

金陀粹編岳珂，正十八、續十三卷，八册。

白香山詩鈔楊大鶴選，四册。

吴詩集覽吴偉業、顧伊人、許目九編，二十卷，附《吴詩談藪》四卷。

袁中郎集明袁宏道，十六册，二函。

牧令全書十四册，蘇局本。

杜工部集朱鶴齡注，二十卷，附二卷，八册。

田間易學錢澄之，三卷，三册。

兩漢金石記翁方綱，六册。

陶集十三部。

列女傳四本。

女學四本。

醒閨編一册。

〔一〕《影山》分爲「百十七號上」、「百十七號下」兩部分。「百十七號上」書目爲：「《黔詩紀略》，原稿、清稿各一部。《郘亭遺詩》，清稿二部。《四書集注》六册，又白文七册。《萬首絶句》二册。《文章軌範》，二部。《詩旁訓》，明本，二本。又新書等，又讀本，善。《相理衡針》四册。」「百十七號下」同

《行篋》「一百十七號」，惟《影山》最後多：「《續龍文》二，又蜀本。」《影山》又有若干勾去書目：「《前》《後漢書》三十二册，局刻，皮紙印，送夏介臣。此箱多複本，可不存。《欽定平苗紀略》，四十八卷，二十二册，聚珍，此書送馮竹儒，乙亥夏記。《樊南文集補編》四册，李商隱，錢振（楞）〔倫〕、常箋注，十二卷。《述學》二册，汪中，送吴澤臣。代趙購《魏書》廿册、代賴〔購〕《沿革地圖》三册，已交去。」

一百十八號

碑帖梁碑等已粘六本。

小唐墓誌一包。移百廿三號。

古志石華二册。移百廿三號。

小蓬萊閣金石文字五册，姚復本，鄭贈。

梁建陵東西闕十一幅，一包。

蕭宏西柱十一分，一包。

梁建陵憺、秀、景、宏、正、立，唐明徵君等三包，内均有目單〔一〕。

蘇藩圖

〔一〕《影山》無此條及《蘇藩圖》。

一百十九號

法帖釋文考異明顧從義，十卷，一大册，從義書精刊。

改併五音類聚四聲篇〔一〕韓孝彦次男韓道昭改併重編，十五卷，八大册，成化官本佳紙精印。

三續千字文注宋江陰葛剛正，一大册，楊以增仿宋精刊。

棠蔭比事宋桂萬榮，一卷，一大册，上元朱氏影宋精本。

貞觀政要唐吴兢編，十卷，戈直集論，四大册，成化官本初印，年號及每册首頁有「廣運之寶」。

改併五音集韻韓道昭重編，十五卷，首附《經史正音》、《切韻指南》、《篇韻貫珠》各一卷，八大册，萬曆比丘如彩重刊至元本。

玉篇顧野王，三十卷，缺尾四卷，八大册，明刊。

周易傳義程頤傳，朱熹義，十卷，六大册，明刊精紙印。

墓表二十册。

郘亭詩鈔四册。

唐說文七册。

金石屑四册，鮑少筠刻。

〔一〕篇：《行篋》誤作「編」，據《影山》改。

一百二十號〔二〕

雜帖粘本五十册。

六朝大字一函〔三〕。

石鼓等粘大册〔三〕石鼓粘大本一，米書《梁簡文梅花賦》一、拓本大册，《城隍廟碑》一，《曹全碑》一，《宋教興頌》一，《曹真殘碑》一册，《重刻華山碑》二，《太公廟碑》一，篆書仿縮合册一，南北朝十種一，《隴岡阡表》一，唐碑誌三種一，右軍小楷一册，右軍行書一册，蘇米黄書一册，鈎本碑二册，文信國書《韓昌黎秋懷詩》。

〔一〕《行篋》下注：「梁蕭憺一，《宋文貞碑》二，梁蕭宏、景、績、正、立、映一，《戲鴻堂帖》一，徐臨碣石頌鈎本一，《曹全》一，《漢景君碑》一，《漢張〔公〕方表頌》一，李孟初一，谷義先一，李含光二，《漢衛尉卿衡興祖碑》一，《鄆州學新田記》一，宋廣平舊拓一。」《影山》下注：「梁蕭憺一，《宋文貞碑》二，梁蕭宏、景、績、正、立、映一，李孟初一，谷義先一，李含光二，《新田記》一，《漢衛尉卿衡興祖碑》一，《鄆州新學田記》一。」

〔二〕《行篋》下注：「曾文正贈。」《影山》眉批：「張廉翁借《石門頌》，丁丑八月。」

〔三〕《影山》無「石鼓等粘大册」六字。

一百二十一號

梁碑

磨崖碑一大函，黎贈〔一〕。

蘇藩輿圖

舊藏雜碑〔三〕

〔一〕《影山》無此條。

〔三〕《影山》後有勾去條目：「《天發神讖鈎本》一册，手鈎，批面。《夏承鈎本》一册，梁刊。《漢四皓神座鈎本》一册。鈎本《秦會稽石刻》、《漢劉熊碑》、《漢婁壽碑》、《漢戚伯著碑》，共一册。均移百廿六號。」

一百二十二號

戲鴻堂帖十五册。

武梁祠堂畫像一篋。又雜碑一篋。

墓表十六册〔一〕。

唐説文訂三册，未訂九册，皮紙未訂一册〔二〕。

〔一〕《影山》無「十六册」三字。

〔三〕《影山》該條作：「唐説文。」

一百二十三號〔一〕

集小金石及雜帖　《古誌石華》，黄本體，二册；吴葛祚，梁井欄；又：蕭秀、宏、湖墅、侯村石柱等一包；昭陵諸碑十三件，一包；《梁瘞鶴銘》五塊，原石本；又「也迺石旌」四字，五分；周至隋小誌廿件；唐墓誌百八件，一包；又唐襄陽張氏誌八件，一扎；宋錢俶等誌六件，一扎；《唐多寶塔銘》等十一件，一扎；《王氏雙松堂記》等五件〔二〕。

〔一〕《影山》該號條目順序不同，然内容基本相同，惟「梁井欄」作「梁天監井欄」；「也迺石旌」四字下有注「係汪燕山贈，此石燕山取去，燕山久故矣，今不知存否」；另有勾去條目：「宋杭州龍井、方圓等記，米元章書，一軸。」

〔二〕《行篋》頁眉又録：「《重刻泰山廿九字》一紙；《十七帖疏證》；《梁南康簡王神道碑》二開；《徽君公書歐陽功甫墓誌銘》一册；《粲書堂集帖》一本；《草訣》；《干禄字書》一册；《隱墨齋帖》一本；《吴

皇象書》;《龍興寺帖》;《經訓堂晋唐帖》一本;《廟堂碑》;《王聖教序》。」《影山》則入正文中。

一百二十四號

離騷戴震注,七卷,《通釋》二卷,《音義》三卷,一册。

屈子正音桐城方績,三卷,精刊。

昭明太子集五卷,一册,明刊。

曹子建集十卷,一册,明刊。

楚辭集注王逸上注,洪興祖補注,十七卷,二册,汲古閣初印。

漢魏詩乘明梅鼎祚選,二十卷,四册,明刊。

楚辭集注宋朱熹,八卷,附《覽》二卷、《辨正》二卷、《後語》八卷,二册,明蔣之翹刊,批面。

屈宋古音義陳第,三卷,一册,舊抄。

韓子文鈔林明倫選,十卷,二册,精刊印。

友林乙稿宋史彌寧，一卷，一册，仿宋精刊。

香溪先生范賢良文集宋范浚，二十卷，八册，元至正本。

宛丘先生文集宋張耒，七十五卷，《補遺》一卷，八册，舊抄。

后山詩注宋陳師道，任淵注，十二卷，二册，復聚珍本〔一〕。

元豐彙稿宋曾鞏，五十卷，十册。

雞肋集〔二〕宋晁補之，七十卷，十二册，明吴郡顧氏崇禎乙亥照宋紹興本刊。

歲寒堂讀杜范輦雲，二十卷，八册。

昌黎集韓愈，四十卷，附陳景雲《點勘》四卷，十一册，蘇局復東雅堂本。

簡齋集宋陳與義，十六卷，二册，復聚珍。

莊子二册，舊鈔本。

河東集柳宗元，四十五卷，宋韓醇音注，二十册，明郭氏刊濟美堂本。

樊川文集唐杜牧，二十卷，舊本，二册，佳紙印。

山谷詩注内集二十卷，外集十七卷，别集二卷。十册宋黄庭堅，《外》史容、《内》任淵、《别》史季温注，聚珍。

李長吉集唐李賀，四卷，集外一卷，一册，黄淳耀評點，精刊印。

白石道人宋姜夔[三]堯章，《集事》，《詩詞評論》，《詩集》二卷，《集外詩》，又《附録》、《補遺》，《歌曲》四卷，又《歌曲别集》一卷。共一册，仿宋精刊。

〔一〕《影山》後有：「首手抄夾頁，看。」

〔二〕《影山》眉批：「張廉卿借，乙亥十二月。」後圈去。

〔三〕姜夔：《行篋》誤作「夔姜」，據《影山》改。

一百二十五號

初學記宋徐堅等奉敕，三十卷，六册，明刊[一]。

藝文類聚唐歐陽詢，一百卷，十册，舊刊佳紙印，明人藏本。

古文關鍵宋吕祖謙選，一册，蔡文子注，二卷，仿宋精刊印。

唐賢三昧集王士禎，三卷，一册，漁洋門人汪洪度論本。

金石例潘昂霄，十卷。墓銘舉例王行，四卷。金石要例黄宗羲，一卷。共二册，精刊印，朱評極精。

古文約選果親王選，八册，精刊印[二]。

隋書四十册，元刊本。又十六册，淮南書局新刊，中有[三]手校[四]。

〔一〕《影山》前有：「《文選李善注》二十四册，六十卷，附胡克家《考異》四卷，胡克家仿淳熙本初印。黎姑丈取回。」

〔二〕《影山》後有勾去條目：「《通典》四十册。明復宋本。」眉批「□書局」，又圈去。

〔三〕有：《行篋》誤作「又」，據《影山》改。

〔四〕《影山》後有勾去條目：「《欽定新語》七卷，訂七册，舊寫本，蓋清文類書也。《牧令書》，二函，四川刊本。移百卅四號。」

一百二十六號[一]

樵書初編來集之，六卷，六册。

惜抱軒文集姚鼐，十卷，一册，姚甡鈔本。

敏求軒述記陳世箴輯，十六卷，四册〔二〕。

道光辛卯直省同年録五册。

黄氏家乘四册謍田録、賢母録。

京畿金石考孫星衍，二卷，一册。

同治上元江寧志汪士鐸，二十九卷，十册。

思伯子〔三〕堂詩集張際亮，三十卷，十册。

龔定庵集五册。

金冬心集一册。

硯林詩集丁敬，四卷，一册。

包慎言集一册。

粘裱碑帖細目在書畫碑帖目，三十七册〔四〕。

〔一〕本號箱《影山》有多出條目：「《敬吾心齋識篆圖》，朱善旂建卿集，二册，其侄之榛戊申石印。」又有：「《改併五音集韻》，韓道昭，十五卷，附《貫珠集》、《切韻指南》；《改併五音類聚四聲》，韓孝彦，十五卷，大本，共十二册。已歸百五十三號。」「《金〔石〕萃編補目》一册，黄本驥，一卷，鈔本。已歸十四號。」「碑八包廿册，又宣紙、賽連紙、又册頁。移百廿四號。」「《武梁祠堂畫像》二篋，移百十九號。」「《吴國山碑》，戊申賴葆臣贈。」

〔二〕《影山》後有：「又一部，八册。」

〔三〕子：《行篋》誤作「字」，據《影山》改。

〔四〕頁眉録：「《游石淙》一，《爨龍顔》一，《太公廟碑》一，《蘭亭》一，《戲魚堂帖》二，《唐撫晋帖》一，《怡亭銘序》一，《孫過亭書譜》一，《龍藏寺》一，《高使君碑》一，《褚帖》一，《劉蒙伯碣》，《凝禪寺》一，魏造像一，油紙摹本帖一，《雙鈎石經殘字》，《臨模集帖》一，《寧贊碑》一，《西門君頌》一，《文叔陽》、《南武陽》等一册，《孔廟碑》一，隋碑造像四種一，《十七帖》、《千字文草書》共一册，《北宋石經》一，《樊敏碑》鈎本，《信法寺》一本，《石門銘》一，楊氏四碑鈎本，高齊石刻六件，元魏石刻五件，《任城孫夫人碑》一，雙鈎秦漢四碑，唐人楷書十種。」按《影山》入正文，然間有訛誤，如「戲魚堂」誤作「戲魯堂」等。

一百二十七號〔一〕

普濟方明周定王，第六十九卷至百十六卷止，中猶有缺卷，八册，舊抄殘本，批面。

學規類編張伯行，二十七卷，二册。
兩漢金石記翁方綱，二十二卷，八册，初印。
中復堂全集十種《東溟文集》，《後集》，《後湘詩集》，《續集》，《奏稿》，《識小録》，《東槎紀略》，《寸陰叢録》，《康輶記》，《姚氏先德傳》，共八十九卷，二十六册，姚瑩。
思伯子堂詩集張際亮，三十二卷，十册。
龔定庵集龔自珍，五册。
陋軒詩吴嘉紀，二十卷，四册。
（東）〔冬〕心集一册，金農，四卷。
硯林丁敬，四卷，一册。
廣英堂遺稿句慎言，一册。
中庸集解校樣一巨册。
穆天子傳一册，明本。
唐翰林學士集日本影唐卷子本，貴陽陳氏刊。

崔豹古今注一册，宋本。

北堂書鈔四函，二十本，明精鈔，未經陳禹謨增改本〔二〕。

老子河上公注一册，明本。

晏子、鬻子共一册。　陸子一册，明萬曆本〔三〕。

荀子二十卷，唐楊倞注，六册，明刊，大字。

荀子補注郝懿行撰，二卷，一册。

淮南子漢劉安著，漢高誘注，四册，明汪一鸞刊。

鹽鐵論漢桓寬，明張之象注，十二卷，八册，嘉靖癸丑刊。

文中子十卷，明中字六子本。　又明大字本。　均阮逸注。　二册。

韓非子二十卷，八册，萬曆十年刊。

莊子五卷，五册，萬曆甲午方虚名刊。

子華子晋人程本，二卷，明刊。

風俗通漢應劭，十卷，大德本。

古蒙莊子無注本，明萬曆辛亥刊。

老子翼二卷，一册。　莊子翼八卷，二册。　明焦竑撰，明刊，批面。

莊子内篇注明釋德清注，七卷，二册。

春秋繁露十七卷，《兩京遺編》本。

劉子北齊劉晝撰，明播州袁孝政注，二卷。

楊子、文中子各十卷，各一册，明吴刊無注二十子本。

〔一〕《影山》該號箱條目另有：「《通典》八十册，重訂四十本，唐杜佑，二百卷，每半頁十行，行三十一字，宋刊袁宗轍藏本，卷百一十至百一十二、百廿五至百廿七、百五七之五八，用明覆宋本配。已移置七十五號。」「《陳簡齋詩箋注》四册，宋胡穉箋，首有《年譜》一卷，尾附《無住詞》一卷，影抄紹熙本，手校于鈔序。已移七十號。」「《鮑明遠集》一册，宋鮑照，明刊，用宋本手校。已移七十號。」「景定本《老子》一、《莊子》二、《荀子》二，共五册（《莊》二册贈洪魯軒），辛亥移七十號。」「墓表六册、《唐説文》十册、《通鑑索隱》格子一束。」墨筆勾去。

〔二〕《影山》該條作：「四函二十本，明精鈔本。」

〔三〕《影山》此條下另起一行：「明本子書。」

一百二十八號

太平御覽宋李昉等奉敕，一千卷，八十册，鮑崇城仿宋刊，初印。

經籍纂詁阮元，百六卷，四十八册〔一〕。

〔一〕《影山》後有：「舊印，紙極寬大。」

一百二十九號

前、後漢紀漢荀悦，六十卷，十二册，蔣刊，精。

漢官儀劉貢父，舊抄，一册，批面。

汪文盛刻漢書二十册，少五册，缺表四之八，志一之四上，志七（《五行上》又《中之上》，凡二卷），列傳七之十六，列傳六十九之七十下。

天下郡國利病書顧炎武，二百二十卷，六十四册。

采菽古詩選陳祚明，三十八卷，《補遺》四卷，十六册，二篋。

劉蜕孫樵文共一册。　劉禹錫文二册。　李商隱文二册。《全唐文》初印。

全上古三代文八卷，附《全秦文》一卷，四册。

虞文靖詩集二册，元虞集，十卷，附翁方綱編《年譜》一卷，曾燠刊。

道園類稿虞集，五十卷，缺後卅九卷，一册，舊抄士禮居藏本。

角山樓蘇詩評注彙鈔趙克宜輯，二十卷，附三卷，八册〔一〕。

〔一〕《影山》後有：「《廿二史感應録》一册。」

一百三十號

中晚唐詩叩彈集杜詔、杜庭珠集，十二卷，續三卷，五册，精刊印。

方望溪全集方苞，三十二卷，《正集》十八卷、《集外文》十卷、《補遺》二卷、《年譜》二卷，十四册，戴鈞衡刊本。

海峰詩集六卷。文集八卷。共十册，劉大櫆，文精刊。又文不分卷，二册，蓋初刊者。

也居山房詩文集魏承柷，十八卷，五册。

五代史歐陽修撰，徐無黨注，七十卷，四册，汲古閣初印。

五代史補宋陶岳，五卷。一册，手校前册。

歷代帝王年表齊召南，十四卷。帝王廟謚年諱譜陸費墀，一卷。共一册。又二册，又八册，汪文盛本〔一〕。

揚州畫舫録李斗，十八卷，四册。

宋稗類鈔潘永因編輯，八卷，八册。

國朝詩别裁集十二册。

語林何良俊，三十卷，六册。

方輿紀要形勢論略顧祖禹，二卷，二册。

疑年録錢大昕，四卷〔二〕，吴修《續録》四卷，一册，抄。

鬼谷子梁陶弘景，三卷，一册，秦思復精刊。

金樓子校本抄一册。

曉讀書齋雜集洪亮吉，八卷，二册。

鈍吟雜録馮班，十卷，一册。

駢文一稿劉履芬，一册。

李滄溟集明李攀龍，三十卷，八册。

己未詞科録秦瀛輯，十二卷。

游定夫先生集宋游酢，八卷，二册。

近人著述一束黎氏著述。

八家文一束。

〔二〕《影山》無「又八册，汪文盛本」七字。

〔三〕《行篋》脱「四卷」，據《影山》補。

一百三十一號

明魏廓園尺牘二册，舊抄。

藏密齋集明魏大中，二十五卷，八册。　又二十四卷〔一〕，八册。據稿本手校。

六一文歐陽修，三十二卷，三册。

黄忠端全集明黄道周，百九十六卷，二十四册。

高青邱集元高季迪，詩金檀注，共廿五卷，《詩集》十八卷，《鳧藻集》五卷，《遺詩》一卷，《扣舷集》一卷，十册，精刊印。

蓮洋集吴雯，二十卷，四册。

漁洋山人精華録訓纂惠棟，十卷，十二册，初印〔二〕。

香蘇山館詩鈔吴嵩梁，三十六卷，四册。

左海文集陳壽祺，共十九卷，十二册。

〔一〕《行篋》脱「卷」字，據《影山》補。

〔二〕《行篋》脱「初印」二字，據《影山》補。

一百三十二號

皇朝經世文编魏源編，百二十卷，八十册〔一〕。

古文辭類纂姚鼐選，十四卷，十二册，江蘇局新刊〔二〕。

文苑珠林蔣超伯選，四卷，二册。

通商條約一函。

條約易檢録四册。

西國近事四册。

瀛（環）〔寰〕志略五臺徐繼畬撰，十卷，十册，日本文久辛酉刊〔三〕。

〔一〕八十册：《行篋》脱，據《影山》補。《影山》此條後又有：「《吴氏一家稿》十六册，吴錫麒兄弟子侄，共八十二卷。移下百卅四號。」

〔二〕《影山》後有：「《鑑止水齋詩集》六册，許宗彦，二十卷，附梁恭人德繩詩二卷。」眉批：「取出。」後皆圈去。

〔三〕《影山》後有：「粤刻一行本《説文》五册。」

一百三十三號

資治通鑑二百九十四卷，附《釋文辨誤》十二卷，一百册，胡果泉覆本，初〔一〕。《通鑑索隱》稿本。

通鑑注商趙紹祖，十八卷，一册，手校，批面。

通鑑刊本識誤張敦仁手録校著，一册，吴勉學刊本。

戰國策釋地張琦，二卷，一册。

通鑑注辨正二卷，手校。洪文惠年譜、陸放翁、王伯厚、王弇州年譜錢大昕。共一册。

殘通鑑九册。

〔一〕胡果泉覆本，初：《影山》作：「胡果泉覆元本初印。」

一百三十四號

前後漢書疏證[一]沈欽韓，稿本，《前漢》三十六卷，中缺第三十至三十二共三卷，三十六册。黎姑丈借《前漢》，共十一册。

聖諭廣訓直解二册[二]。

百將圖傳二册，二卷[三]。

近思録江永注，十四卷，四册。

小學吴訥集解，一卷，四册。

小學纂注高愈，二册。

陸清獻蒞嘉遺迹黄維玉編，三卷，一册。又治嘉格言陸隴其，一卷，一册。

周文忠尺牘周天爵，二卷，一册。

讀書分年日程元程端禮，三卷，一册。

司馬公書儀十卷，一册。又二册。

小學義疏尹嘉銓，六卷，二册，小本。

童蒙須知韻語、弟子規、程氏性理字訓。小學韻語湘鄉羅〔澤〕南撰，一卷，二册。

劉青天傳一册。

古格言梁章鉅輯，十二卷，一册。

殘舊唐列傳一册。

晋乘蒐略嘉靖間合河康基田茂園氏纂，三十二卷，三十六册。

欽定新語七卷，七册，舊抄，蓋清文類書也。

牧令書二函，四川刊。

吴氏一家稿十六册〔四〕。

〔一〕《影山》前有：「《段氏注説文》十六册，蘇修本。」後勾去，眉批：「已送姚慕庭。」

〔二〕《影山》後有：「《猶人墓表》七册，厚宣印，大本。」

〔三〕《影山》後有：「《文廟丁祭譜》一册。移入廿八號。」

〔四〕《影山》後有：「卅二號移來。」

一百三十五號

通鑑續編元陳桱，二十四卷，二十四册，至正本。

通鑑紀事本末宋袁樞編，四十二卷，四十二册，明李栻刊。

資治通鑑目録三十卷，八册〔一〕。

通鑑地理今釋吴讓之，鈔本〔二〕，四册。

嚴思永通鑑補正略張敦仁彙鈔，二卷，二册。

乾隆御撰綱目三編二十卷，二册。

元史續編胡粹中，十六卷，四册。

殘通鑑三册。

〔一〕《影山》後有：「明陳明卿刊。又十册，江蘇局仿宋本。」

〔三〕《影山》後有：「《十七史商権》五册，王鳴盛，一百卷，下數册不知住何箱。《廿二史考異》八册。」眉批：「已歸七十四號。」

一百三十六號

禮記仿宋撫州本二十卷，附《釋文》，又張敦仁《考異》，八册，張刊。

儀禮集釋宋李如圭，三十卷，附《釋宫》一卷，八册，聚珍。

駁五經義漢許氏撰，鄭氏駁，王復輯。補遺許氏撰，王復輯。鄭志魏鄭小同撰，王復輯，三卷。箴膏肓鄭氏撰，王復輯。鄭司農年譜孫星衍撰。共一册。

易緯《乾坤鑿度》二卷，《乾坤鑿度鄭注》二卷，《辨終備》一卷，《乾元序》一卷，《坤靈圖》一卷，《是類謀》一卷，《通卦驗》二卷，《稽覽圖》二卷〔二〕，以上均鄭注，共一册。

周禮鄭注十二卷，明精刊，十二册，佳紙印。

春秋左傳杜注十二册，復宋本。

儀禮鄭注三册，立本齋綿紙初印。

孝經一册，仿宋丘本，東洋紙。

爾雅義疏郝懿行，七卷，八册，初印。

春秋穀梁傳注疏晋范寧集解，唐楊士勛疏，二十卷，四册，明刊本，初印。

周易傳義音訓宋程頤傳，朱熹本義，吕祖謙音訓，八卷，六册，附朱子《易學啟蒙》。

春秋公羊經傳解詁十二卷，二册，汪氏仿淳熙本。

禹貢分箋方溶，七卷，三册。

論語義疏魏何晏集解，梁皇侃疏，十卷，四册，日本根遜志寬延庚午校刊，初印。寬延庚午當大清乾隆十五年庚午。

尚書集注音疏江聲，十二卷，又附二卷，六册，缺第二册卷三、四兩卷，篆字綿紙初印。

大戴禮記注孔廣森，十三卷，二册。

爾雅郭注三卷，仿景泰本。急就章一卷，仿宋松江本。共一册，精刊印。

夏小正戴氏傳四卷，仿宋。夏小正經傳集解顧鳳藻，四卷。共一册，精刊印。

曾子十篇阮元注釋，四卷，一册，精刊。

四書集注六册，吴志忠仿宋精印。

商子秦公孫鞅，五卷，一册，明〔二〕，手校，詳。

韓非子二十卷，附校勘，二册，吴仿乾道本，初印。

晏子春秋八卷，一册，吴仿元本，初印。

山海經晋郭璞傳，十八卷，一册，項絪精刊印，惠半農校。

管子房玄齡注，二十四卷，三册，明刊。

墨子十六卷，二册，經訓堂校刊。

荀子二十卷，唐楊倞注，四册，嘉靖謝氏刊。

老子王弼注二卷，一册，聚珍。

老子口義劉須溪評點刊。

莊子郭注十卷，四册，明刊。

周髀算經三卷，二册，聚珍。

素問王冰注二十四卷，六册，舊影宋官校本，抄，手校。

説苑劉向，二十卷，四册，尾册五卷待尋〔三〕。

四書箋義趙悳，十二卷，附《補遺》，二册，小本。

意林唐馬總，五卷，二册，手校，詳，舊抄。

淮南子漢高誘注，二十卷，八册，莊逵〔吉〕校刊。

齊民要術後魏賈思勰，十卷，三册，明刊。

顔氏家訓北齊顔之推，又《附録》，抱經堂初印。

漢王充論衡三十卷，三册，明程榮刊。

顧歡經解拾遺、〔陳〕戚衮周禮音拾遺、子夏易傳鈎遺二卷、大學辨稱陳確氏，或兔牀作也，不善、修明蒼水墓記及題詠、胡洵直考正武成、唐孫炎爾雅疏抄（已刻）共一册，舊抄。

養生類纂宋周守忠，二十二卷，四册，聚珍，首夾考條。

農書元王禎，二十二卷，四册，聚珍。

演繁露宋陳大昌，六卷，二册，明刊。

訂譌雜録胡鳴玉，十卷，一册。

〔一〕《行篋》脱「二卷」兩字，據《影山》補。

〔二〕《行篋》脱「明」字，據《影山》補。

〔三〕《影山》後有「明刊」二字。

一百三十七號

隋書八十五卷，十六册，揚局新刊，手校樣本。

唐鑑宋范祖禹撰，吕祖謙注，四册，仿宋初印。

國語補音宋庠，三卷，一册。

水經釋地孔繼涵，八卷，一册。

南嶽志高自位重編，四册。

讀書敏求記錢曾，四卷，一册。

天禄琳琅十卷，三册，舊抄，手識首頁。　天禄琳琅後編二十卷，四册。

切韻指南元劉鑑，二册。

又紅格鈔本校樣天禄琳琅前後編八册，共一夾，壬辰添入。

楞嚴經唐沙門般剌密帝譯，十卷，五册。

法海慈航四卷，《金剛經》附《集解》、《補注》，《心經》附《集解》、《補注》，《佛頂光聚般怛羅咒》，《蓮花經普門品》，《藥師經》，《大陀羅尼神妙章句》，《觀音經咒》，《師子吼了義經》，《所問經義經》，《無量義經》，《墮舍迦經》，《齋經》。

古韻通説龍啟瑞，二十卷。

聲韻通考十卷。　漢書地理志水道圖説七卷。　切韻考五卷。　禹貢圖一卷。　漢儒通義七卷。　陳澧，共八册。

人壽金鑑程得齡，六册，二十卷，精刊印。

膳夫經手録唐楊曄，一卷。　雲林飲食制度集一卷，舊抄。

讀書札記明徐問志，八卷，一册，明刊。

爾雅古義犍爲文學注，孫炎音注，施乾音，樊光注，郭璞音，謝嶠音，李巡注，郭璞圖贊，顧野王音，劉歆注，施旋集注，衆家注。共六册，黄奭。

援鶉堂筆記姚範，五十卷，十二册。

經史管窺蕭曇，六卷，二册。

十駕齋養新録錢大昕，二十卷，六册。

癸巳類稿俞正燮，十五卷，五册。

韓門綴學汪師韓，五卷，附《續編》一卷，又《談書録》一卷，又《詩學纂聞》一卷，二册。

讀書脞録七卷。續編四卷。孫志祖，共二册。

輪輿私箋四册。《唐説文》，墓表，詩鈔。

群經釋地五册，儀徵戴清，稿本。

儀禮圖張惠言，七卷，二册，初印。

篆詩經三册，缺，明刊〔一〕。

〔一〕《影山》後有勾去條目：「《陋軒詩》，吴嘉紀，十二卷，四册。」

一百三十八號

史記集解索隱正義合刊百三十卷，二十册，金陵局初印。

史記札記二册，張文虎，五卷，金陵書局新刊。

史記集解索隱正義合刊二十册，明李元陽刊〔一〕，具三家注，惟《索隱述贊》不録，中夾手識。

史記志疑十册，梁玉繩，三十六卷。

四史疑年録二册，錢辛楣，七卷。

歸方評點史記合筆四册，王拯纂，六卷。

班馬異同四册，宋倪思，三十五卷，明李元陽刊。

班馬字類一册，宋婁機，二卷，精刊。

陳書二册，唐姚思廉，三十六卷，汲古閣初印。

後漢書十六册，南宋范曄，唐太子賢注，八十卷，明福建按察使周采等校刊。

晉書十二册，唐太宗御撰，三十卷，附唐何超《音義》二卷，内刊一册，汲古閣初印。

前漢書二十册，七十卷，明汪文盛刊，手校前。

前漢地理志一册，内板，殘本。

元史類編十二册，邵遠平，四十二卷。

〔一〕刊：《影山》作「評刊」，又有「名《史記題評》」。按此指李元陽所輯評《史記題評》一百三十卷。

一百三十九號〔一〕

四庫存目書目六册〔二〕。

手校大小字注簡明目録二部，共一篋〔三〕。

彙刻書目五册〔四〕。

梁石記、通鑑索隱格子

蕭秀碑並陰、蕭秀西碑、蕭宏碑並陰上五件並無字者，各拓二紙，存其式，共〔五〕一束。

蕭憺碑、蕭宏闕、明徵君碑等全樣共九件，一束〔六〕。

蕭秀西碑陰二。東碑額二。明徵君二。共一束。

蕭憺二。又額四。

隋元字智公墓志大業十一年八月，一册。

蕭宏神道東柱二、西柱二。

蕭秀西碑一。又東西額各一。
漢武氏石闕建和元年，一册。
明徵君一。
齊朱岱林墓志武平二年二月一，一册。
唐王慶墓誌開元九載十一月。
蕭秀、憺各三册。明徵君一册。
戲鴻堂顔帖一册。
蘭亭一册。
未裱各碑。
争坐位一册。
徵君公篆書大册〔七〕
郭尚先書夢硯齋記一册。
朱漢雯書南康鼓樓記一册，康熙十一年。

〔一〕《影山》該號箱另有：「碑帖册包、紙、紙卷、格子本。」「《金石屑》四册，鮑少筠送，移百十九號。」「舊拓圭峰碑裱一册。」「《宋杭州龍井山方圓寺記》，米元章書，一軸。」「《宋神霄玉清萬壽宫詔》，徽宗書，唐東瓊州府，辛亥楚生寄來。」「《嵩山三闕四銘》，九一幅；《漢畫像》、《朱搏碑》。」「諸贈：高麗唐碑，焦山陸題名，又他人新贈件。」「李陽冰《庚公頌》兩件，古磚拓本一卷。」「《漢馮君闕》、《沈君雙闕》，已裱，各二卷。」「《陶陵鼎雜》等四卷，陶鼎尚未移來。又《雁足燈》一卷。」

〔二〕《行篋》後注：「移入七十號。」《影山》後注：「六十一號移來。」

〔三〕《行篋》後注：「移入七十號。」《影山》後注：「移寄七十號。」

〔四〕《行篋》後注：「移入七十號。」《影山》後注：「六十一號移來。」

〔五〕共：《行篋》作「各」字，據《影山》改。

〔六〕共九件，一束：《影山》作「九件，共一束」。

〔七〕《影山》該條有旁注：「《朱子六先生像贊》。」

一百四十號

文選六家注，十六册，明嘉靖間袁褧復宋本，精刊佳紙精印，極寬大。

一百四十一號

中統本史記四十册。

一百四十二號

文獻通考元馬端臨，三百四十八卷，一百册，明正德春獨齋十二行本。

一百四十三號

四庫全書總目提要二百卷，六十册，内板初印。

明史藝文志張廷玉等奉敕，四卷，二册，明史本。

明史藝文志稿温陵黄虞稷俞邰氏所纂輯，四册，舊抄。

錢曾也是園書目四卷，舊抄，一册。

絳雲樓書目一册，舊抄。

文宗閣四庫全書裝函清册二册〔一〕。

〔一〕二册：《影山》作「二本」。

一百四十四號

史記正義索隱集解合刊二十册，明秦藩刊本，佳紙初印，歸震川評點。

三國志八册，皮紙印，金陵局本。

史記索隱一册，汲古閣仿宋初印，手校。

戰國策校注吴師道，四册，十卷，至正本。

七國考明董説，十四卷，二册，守山閣初印。

國語韋氏解，二十一卷，附校刊札記一卷，二册，士禮居仿明道本，初印。

戰國策高誘注，三十三卷，四册，士禮居仿宋紹興本初印。

輿地廣記宋歐陽忞，三十八卷，四册，士禮居仿宋初印。

焦氏易林十六卷，二册，士禮居仿宋初印。

博物志漢張華，十卷，一册，士禮居刊連江葉氏本。

姬侍類偶周守忠，一册，舊抄。

附秋室百納琴朱□〔一〕，一卷，一册，精刊印。

〔一〕按《秋室百納琴》作者爲清人余集，有嘉慶三年刻本。該條未知是否即指此。

一百四十五號

大本棉紙資治通鑑一百册。

一百四十六號

資治通鑑一百册，東洋紙印〔一〕。

〔一〕《影山》後有：「漆箱。」

一百四十七號

續資治通鑑六十四册〔一〕。

〔一〕《影山》後有：「東洋皮紙印，漆箱。」

一百四十八號

雍正硃批諭旨百十二册。

一百四十九號

開成石經舊拓本。

一百五十號東洋箱

古逸叢書美濃東洋初印本。

一百五十一號東洋箱

古逸叢書又一部東洋初印本。

一百五十二號紅木箱

古逸叢書又一部皮紙印。

一百五十三號東洋箱。《古逸》。《玉篇》零種等

穀梁二、楚詞六各一部。又玉篇宣紙，二册。又未訂册部六扎又一包。又玉篇於《言部》已訂各

二，並補遺一〔一〕。

〔一〕《影山》此條作：「玉篇，宣紙，二册。又册部四札未訂，又於言册部已訂各二，又一包未札並補遺，楚詞六本，穀梁二本。」

一百五十四號〔一〕

東洋〔三〕皮紙初印古逸叢書未訂。

〔一〕《行篋》眉批：「壬子十月廿三，查共百五十四箱，又百五十五號楠木廿四史箱一屏。」

〔三〕《影山》無「東洋」二字。

一百五十五號

楠木廿四史書一屏。《宋史》以上各箱暫裝雜書，《宋》、《遼》、《金》、《元》、《明》系杭連局本〔一〕。

〔一〕《影山》該條作：「《宋史》以上各箱内暫裝，雜書另有單。」

一百五十六號

石印佩文韻府一篋〔一〕。

板箱十二號内裝雜書，德堡已另編寫目一册。

此外小農、德堡等學堂書十餘箱須查寫目。

〔一〕《影山》無「一篋」二字。

附：《影山草堂書目》原一百五十號至一百六十四號箱書目〔一〕

〔一〕《影山草堂書目》從一百五十號起修改頗大，修改至一百五十六號箱全部結束。未修改前箱號則至一百六十四號。今將未修改前一百五十號至一百六十四號條目抄附。

百五十號

資治通鑑百册。

百五十一號

續資治通鑑六十四册〔一〕。

〔一〕此兩箱有合注：「歸賴樹臣。」眉批：「地球寄此箱内。」

百五十二號

讀五禮通考十六函，百二十八册〔一〕。

〔一〕眉批：「九叔攜去。」

百五十三號

五音集韻四聲篇二十巨册〔一〕。

〔一〕下注：「百廿六號移來。」眉批：「己卯春送劉芝田觀察。」

百五十四號

杭連大本黔詩、唐説文、詩抄、遺詩、經眼録等

紅木鏡座

輕太黔詩

百五十五號

輕、重太黔詩
陶集
詩抄
遺詩
經眼録

百五十六號竹箱

陶集八十七部杭連。
黔詩等有夾。
書夾板乙捆。

百五十七號

稿碑皮盒各乙箇。

文具盒一。

鼻煙盒二。

粉乾等

東洋方碟九箇。

百五十八號竹

稿

圖章盒二。

百五十九號竹

仲雜件

圖章

百六十號紅梅箱

雜紙等

楊文驄畫

百六十一號板皮箱

字畫

裱軸碑帖

百六十二號皮箱

稿、手澤

百六十三號扁白皮箱

字畫

百六十四號集錦楠木箱一屏，大小共十四件〔一〕。

汲古閣桃花紙初印十七史；又局本宋、遼、金、元、明、舊唐、舊五代、遼史拾遺、遼金元史國語解；鄂刊輿圖（附漢書箱内）等；南北史補志六本。

開成石經舊拓本共裝楠木箱一。

重賽紙印磁青紙裝面集印局本廿四史三百九十六本。附遼史拾遺、遼、金、元三史國語解

東洋箱：古逸叢書美濃紙初印。

東洋箱：古逸叢書東洋佳紙初印。

海梅箱：古逸叢書東皮紙印〔二〕。

〔二〕《影山》末有夾頁：「甲辰九月十七日查：四號空二格，八號空一格，二十四號空一格，二十八號空半格，三十一號空一格，三十八號空一格，四十一號空一格，五十號空一格，五十五號空一格，五十八號空一格，六十一號空二格，七十七號空一格，八十一號空二格，七十號空一格，九十七號空二格，一百〇七號空一格，一百零八號空一格，一百十三號空一格，一百十五號空一格，一百十四號空一格，一百三十二號空一格。」

〔三〕按此數種單起行，不屬百六十四號箱。

金石影目録

目録

整理説明

《金石影目録》兩册，係莫友芝手稿，現藏中國社會科學院文學研究所。

一册封面題「金石影一册，郘亭先生手稿本」，正文共二十頁。首兩頁題「周至隋舊藏金石目録貳拾件」，上鈐「友芝私印」朱文印，正文録金石目録；第三頁題作「金石影目録，舊藏唐誌共百零八件」，上鈐「莫氏子偲」、「友芝私印」朱文印，至第十頁録唐金石目録；第十頁前半頁第七行云「以下見揚州肆中」，至第十三頁仍録唐誌，後書「共四十三件」，上鈐「友芝私印」朱文印；第十四頁至第十七頁前半頁第七行，録唐誌目録，後題「上共七十五件」，上鈐「友芝私印」朱文印；第十七頁前半頁後三行至第十九頁前半頁第五行，録唐誌目録，後題「上四十二件，連前共一百七件」，上鈐「友芝私印」朱文印；第十九頁前半頁後四行至後半頁第七行，録唐誌目録，後題「上共十一件」，鈐「友芝私印」朱文印；第十九頁後半頁後三行至第二十頁前半頁，録宋誌目録，後題「上共六件」，上鈐「友芝私印」朱文印；第二十頁後半頁，録宋金誌目録，後題「上共五件」，上鈐「友芝私印」朱文印。

一册封面題「金石影目録又一册」，正文十七頁，所録内容較雜。第一、二頁首題「金石影目録」，下鈐「獨山莫氏圖書」朱文印，雜録「夏岣嶁」等先唐金石目録；第三頁題作「金石影目録，獨山莫氏影山草堂」，有「獨山莫氏圖書」朱文印，至第九頁録唐誌，間有宋金誌，内容與前册有所重複。第十頁、十一頁録《余姚周清泉世熊所藏三老碑自識》，題下鈐「莫氏子偲」朱文印。第十二頁録金石目録十一條；第十四頁至第十六頁録莫友芝自作長文《河圖洛書俱不可考説》；第十七頁有莫繩孫自書《省攲瘻膀跋》一篇。

兩册所收，當皆爲莫友芝所拓或經眼之金石目録。兩册目録有不少重複，當是不同時期稿本，因其總體數量不多，且分割不便，因此除第一册中删略重複之唐誌外，其他凡金石目録者皆予録出，並據其内容略分爲三卷。

金石影目録卷一

周至隋舊藏共貳拾件。

殷比干墓字　孔子書。

吴地券　黄武四年。

晋韓壽闕

晋劉韜　黄　無年月。隸書。在偃師武氏。

魏司馬昞妻孟敬訓　黄　延昌二年。粤三年。正書。在孟縣。

魏司馬昞　正光元年七月。庚子年葬温城。

魏李超　正光五年。越六年正月。正書。在偃師學明倫堂。

魏吴高黎　趙　孝昌二年正月。正書。在徐州瑯琊郡北芒。趙注：河南洛陽。

東魏王僧　趙　天平二年三月。正書。窆于饒安。滄州新出。

魏劉懿壬子四月查此未見　趙　興和二年庚申正月。當梁武大同六年。正書。薨于鄴都，葬肆盧鄉孝義里。趙注：河南安陽。

北齊法懃禪師張　趙　太寧二年壬午正月。當陳文帝天嘉三年。隸書。河東伊氏縣人，殯龍巖。趙注：山東益都。

北齊朱岱林裱册　黄　武平二年子敬脩撰，從子敬範銘。正書。在樂陵縣。

北齊李琮　趙　武平五年正月。正書。趙國平棘人，祔先墓。趙注：直隸元氏。

隋張景略　黄　開皇十一年正月。隸書。在安陽縣。

隋惠雲法師賈又　趙　開皇十四年三月。正書。洛陽人。

隋鞏賓　黄、趙　開皇十五年十月。正書。在武功縣大堂。

隋董美人又　趙　開皇十七年十月。正書。益州總管蜀王楊秀製。葬龍首原。石藏上海徐氏。

隋龍山公裱軸　趙　開皇廿年十二月。正書。新出四川奉節縣，今在夔府試院壁間。

隋元〇智裱册　黄、趙　大業十一年八月。正書。葬大興縣。趙注：陝西長安。

隋宋永貴　趙　大業十二年十一月。正書。葬京兆長安縣龍首鄉。趙注：陝西長安。

周至隋上共貳拾件，均係舊藏。丙午六月復檢查無誤[一]。

舊藏唐誌共百零八件[二]。

唐女子蘇玉華　趙　武德二年五月。歐陽詢撰書。葬京兆神和原。

黄葉和尚墓誌　武德三年九月。

温彦博　貞觀十年六月。歐陽詢撰書。陪葬昭陵。

尹善幹誌又　貞觀二十年五月。

豆盧遜又　黄、趙　顯慶四年八月。

李文　黄　麟德元年二月。

張對　趙　乾封三年二月。

工君夫人　上元元年八月。雍州乾封人，葬高烽原。

王留生　儀鳳四年。

王行威　垂拱二年九月。京兆龍首原。

龐德威　黄、趙　垂拱三年十一月。

陳護　趙　垂拱四年。

武周朝請大夫雷君有蓋　永昌元年。

張玄弼又　趙　永昌三年九月。

張景之又　趙　天授三年正月。

張敬之　天授三年正月。

張慶之又　天授三年正月。

程玄景　黄、趙　長壽三年正月。

仇道朗　萬歲通天元年。

梁思亮　黄　萬歲通天元年。

夫人袁氏　黄、趙　聖歷三年正月。

薛剛　黄、趙　久視元年五月。

盧八娘　長安二年。

王美暢夫人長孫氏　趙　長安三年。

陳叔度　長安三年十二月。

孝子郭思訓　王、孫、黄　景雲二年〔三〕。

蕭思亮　孫、王、黄　景雲二年九月〔四〕。

唐梁嘉運〔五〕　黄、趙　景龍三年十月。

鄭玄果　開元二年十二月。

孟友直女心　開元三年四〔元〕〔月〕。

大慶法藏禪師未見　孫、王　開元四年五月。

賀蘭氏　王、黄　開元四年十二月十日。

孝子郭思謨　王、孫、黄　開元九年十一月。

工慶裱册　趙　開元九年辛酉十一月。東萊掖人，葬掖城東南五星岡。

折府君妻曹氏　黄、趙　開元十一年十一月。

高福　王、孫、黄　開元十二年正月。

唐昭女子端　黄、趙　開元十二年六月。

薛君夫人裴氏又　黄、趙　開元十四年二月。

王晋並夫人劉　開元十五年十月。

敬節法師未見　孫　開元十七年七月。

李仁德　趙　開元二十一年四月。

堅行禪師　王、孫　開元廿一年閏六月。

張軫又　趙　開元廿一年十月。

張點又　開元廿一年十月。

惠隱禪師又　開元二十二年。

大智禪師　開元廿四年七月。

義福禪師　趙　開元廿四年。

張孚又　開元廿八年。

裴禛　王、黄　開元二十九年。

大□國寺高忠裕龕塋記　天寶四載九月

上共五十件。

魯山殘誌　天寶五載三月。

上共五十一件。

張軫第二誌並夫人安陽邵氏　趙　天寶六載十月。

潘智昭　王、黄　天寶七載七月。

張夫人令狐氏　天寶九載十二月。

段常省塔銘　天寶十二載。

張朏夫人李氏　趙　天寶十二載。

黄夫人劉氏龕銘又　天寶十三載。

韋瓊有蓋　趙　天寶十四載五月。

張所珍　天寶十五載四月。

同光禪師　孫　大曆六年六月。

李妻賈嬪〔六〕　趙　建中二年三月。

韋圓净墓誌壬子，邗收增入　興元元年。

楊夫人裴氏　貞元元年十一月。

田侁　貞元三年八月四日。

韋夫人王氏　黄、趙　貞元六年二月。

張夫人號威德　貞元八年五月。

王廷珪夫人馮氏　貞元八年十二月。

田侁並夫人冀氏　貞元十一年八月廿七日。

王仲堪　孫　貞元十三年四月。

劉建及夫人楊氏　貞元十四年十二月。

演公塔銘　孫　貞元十八年正月。

畢游江　趙　貞元十九年七月。

陳義　永貞元年十二月。

魏邈又　黄、趙　元和五年四月。趙作十四年八月。查。

張曛　元和八年十一月。

李術　趙　元和九年正月。

大德韋和尚　元和十三年。

邵才志　趙　元和十四年十一月。

崔府君　元和十四年十一月。

韋端　趙　元和十五年三月。

鄭準　黄、趙　太和四年八月。

劉夫人楊珽　太和四年十月。

吴達　王、孫、黄　太和四年十月。

𤨏團空和尚又　趙　太和七年八月。

杜行方　趙　太和七年十一月。

崔蕃　趙　太和七年十一月。

劉崟　太和八年十一月。

瀚夫人杜氏　太和九年十一月。

張源　趙　太和十二年十月。

基公塔銘　王　開成四年五月。

趙□妻張氏　趙　會昌三年五月。

魏邈夫人趙氏　黄、趙　會昌五年十月。

王守琦　黄　大中四年正月。

覺圓大師　大中七年正月。

下邳郡林夫人　王、孫、黄　大中九年五月。

劉夫人霍氏　黄　大中十年。

姚夫人　大中十一年五月。

程修己又　黄、趙　咸通四年四月。

楊籌女母王氏　咸通五年五月。

李彬妻宇文氏　趙　咸通八年八月。

王公晟　趙　咸通十一年八月。

上共百件。

閻好問又　咸通十四年八月。

趙虔章　趙　乾符三年九月。

敬延祚　趙　中和三年二月。

夫鍾公蓋題「大周棉府君」，未知即此蓋否　中有「龍紀元年」字。

石暎　黄　甲子四月，當是唐昭天復四年，黄定爲宋乾德二年。

爾朱逵　王、黄　王録附唐末。

唐故左□□蓋

許洛仁妻宋氏　黄、趙　失年月，洛仁碑龍朔二年，黄附高宗末，趙考爲儀鳳元年五月廿四日。石歸臨海宋氏。

上唐誌共百零九[七]件，丙午六月檢查無誤，惟大慶禪師及敬節法師二件未見。

壬子添興元二年一件[八]。

以下見揚肆中。

故咸陽太守魏劉玉墓誌銘　趙　壽昌三年。

隋張通妻陶貴　開皇十七年三月廿六日，葬長安縣龍首鄉。

隋姚恭公辯　孫　大業七年十月二十一日。虞世基撰文，歐陽詢書册。

隋太僕卿元夫人姬氏　黄　大業十一年八月。葬大興縣。歐陽詢書。

唐化度寺僧邕禪師塔銘　孫　貞觀五年十一月十六日。李伯藥製文，歐陽詢書。

唐郭雲重刻可學　批　貞觀五年十月六日。歐陽詢書。

唐文安縣主　黄　批　貞觀廿二年三月陪葬昭陵。

化度寺僧海禪師　顯慶三年二月廿五日。

王居士塼塔銘　孫　顯慶三年十一月廿九日。

道安禪師　孫　總章三年二月十五日。起塔終南山。

人唐韓寶才　批　咸亨四年十一月。長安人，葬京城西布政之原。

孫真　調露元年十月十四日。

周張府君妻雁門縣君　天授二年六月三日。

京兆杜氏　黄　長安三年十月十五日。葬長安縣。

楊夫人殘誌　景龍三年七月十九日。

薦福寺大德思恒律師誌文　孫　開元十四年十一月十五日。鄠縣尉常□□□文。

沙夫人阿史那氏　開元八年三月二十九日。長安縣。

興聖寺主尼法澄塔銘　孫　開元十七年十一月，□志□撰並書，刻字朱曜光。

雲中郡夫人阿那氏　黄　開元十一年十月。

折某妻曹氏譙郡君夫人曹氏諱明照〔九〕　黄　開元十一年十一月。

劉智並夫人孫氏　批　天寶十五載五月。蘇靈芝書。長安縣。

南陽張公墓誌銘　天寶十三載十一月。

焦璀　寶應元年十二月。邠州三水縣。

王訓　黄　大曆二年八月，遷厝萬年縣。王溏撰並書。

真化寺尼如願律師墓誌銘　黄、孫　大歷十年五月。沙門飛錫撰。秦昊書，程用之刻字。

符監察妻李氏　元和七年八月。孤子符載述並書。

裴琚　元和元年十一月。郭子方〔一〇〕撰

李繼　元和四年三月十日。

李輔光　黄　元和九年四月廿一日。崔元略撰，巨雅書。

韋公玄堂誌　元和十四年。第四子紓撰並書。

司馬君夫人孫堅静　黄　元和十五年十一月廿二日。賈中立撰。

辛幼昌　太和七年三月。

楊迴　太和七年十一月。賈文度撰，弟道書。

登封縣令崔公　太和癸丑十一月。

博陵崔氏夫人並李府君　太和甲寅十月。李紳撰。

慈恩寺大法師基公　孫　開成四年五月。李弘慶〔一一〕撰。

柳氏長殤女老師　會昌五年六月，兄仲郢撰。

蕭勝　批　永徽二年八月，褚遂良書。

翟夫人□婉　大中四年十月。

鄭準　大和四年八月，陳齊之〔一二〕撰。

濟度寺尼法燈墓誌銘　永隆二年三月。

李觀　無年月。韓愈書石。字同率更，疑僞作。

瑯琊郡王夫人　無年月。行書。

共四十三件〔一三〕。

唐多寶塔銘等十一件另一扎

宋錢俶等誌六件另一扎

王氏雙松堂記等五件一扎〔一四〕

多寶塔　開元二十九年閏四月。

鐘銘　景雲二年九月。

史公石像銘　延和元年七月。王、孫有。

寶室寺鐘銘　貞觀三年五月。王有。

桂州建塔記　顯慶四年四月。

阿彌陀像文　上元二年十二月，周志遠〔一五〕等造。

武周造像銘　延載元年，孫《録》石窟寺造像河南鞏縣者，恐即此。

武周宋敬母等造浮圖像記　天册萬歲二年正月。

高延貴造像記　長安三年。

侯文宗造石浮屠銘　天寶五載。孫似未有。

窣堵波塔銘複　咸通五年八月。王、孫有。

上共十一件。

宋秦王錢俶　端拱三年正月。

文彦若　皇祐三年十月。

安平縣君崔氏　熙寧二年十一月。

郝武莊公夫人朱氏　元祐三年十一月。

陳寂之　政和七年四月。

達大師塔記　宣和五年二月。

上共六件。

王氏雙松堂記　崇寧四年四月。

法門寺浴室院靈異記　太平興國三年。孫有。

法門寺重修九子母記　慶曆五年閏五月。孫有。

唐朗然子詩　天德二年正月刻，當宋高宗紹興十九年。

僞齊孟邦雄墓誌　阜昌二年〔一六〕七月。王有。

上共五件。

〔一〕後粘朱筆書浮簽：「高一尺二寸零，半頁寬八寸。」

〔二〕此前另行書「金石影目録」五字，並粘墨筆書浮簽：「常岳等造像。」以下所書目録與另一册多有重複，然又不完全一致，當是不同時期稿本。

〔三〕後「裴積」條前貼有浮簽「孝子郭思訓（王、孫、黄），景雲二年」，與此條同，按時間順序應置於此，故後不録，並將浮簽多出的著録信息「王、孫、黄」補於此處。

〔四〕蕭思亮，稿本原作「蕭師亮」，後「裴積」條後又有「蕭思亮（孫、王、黄），景雲二年九月」，旁注「應在開元前」，即指此「蕭師亮」碑，「師」爲「思」之誤，據改。今删去「裴積」後一條，並將多出的著録信息「孫、王、黄」補於此處。

〔五〕所删略稿本中作「息梁嘉運」。

〔六〕所删略稿本中作「宣城尉李妻賈嬪」。

〔七〕九：原作「八」，旁改「九」。

〔八〕按以上一百零九件中，標記壬子添加的唯有興元元年「韋圓净墓誌」一件，此處「二年」疑爲「元年」之誤。

〔九〕照：此字原未寫全，據王言《金石萃編補略》所收《曹氏譙郡君夫人墓誌銘並序》補。

〔一〇〕郭子方：按趙之謙《補寰宇訪碑記》「裴琚墓志」條作「郎于方」。

〔一一〕李弘慶：稿本原作「李弘度」，按《大慈恩寺大法師基公塔銘》拓本作「李弘慶」，孫星衍《寰宇訪碑記》「慈恩寺基公塔銘」條亦作「李弘慶」，據改。

〔一二〕陳齊之：稿本原作「陳穎之」，按《故右内率府兵曹鄭君墓誌銘》拓本及王言《金石萃編補略》「兵曹鄭君墓志銘」條皆作「陳齊之」，卷三重複記録「鄭準」條亦作「陳齊之」，據改。

〔一三〕以下有唐誌一百零七件，順序未按朝代；每件後標有序號，亦未按順序，但所標序號皆與前録唐誌對應，如「《温彦博》，重刻，貞觀十年六月，歐撰書，三」；《女子蘇玉華》，武德二年五月，歐撰書，一」；《黄葉和尚墓誌》，武德三年九月，二」，前録唐誌順序恰爲《蘇玉華》第一，《黄葉和尚》第二，《温彦博》第三。此當爲原稿，内容盡見於前録唐誌，兹删略。

〔一四〕以上三行文字原在「以下見揚肆中」前，但内容與以下所列相關，故移至此。

〔一五〕周志遠：孫星衍《寰宇訪碑記》、王言《金石萃編補略》等關於阿彌陀像文的著録皆作「周遠志」。

〔一六〕皐昌二年：按王昶《金石萃編》所載《孟邦雄墓誌》作「皐昌四年」，孫星衍《補寰宇訪碑録》亦作「皐昌四年」。

金石影目録卷二

十一　麃孝禹

十二　朱博殘碑　西漢

十三　天鳳三年刻石

十四　建武三老碑

十五　鄐君開褒斜道

十六　建初大吉券

十七　王稚子闕　元興元

十八　祀三公山　元初四

十九　太室神道　元初五

二十上下　少室神道　延光二

廿一　少室東闕　無年月

廿二　開母廟　延光四

廿三　太室穎川太守　延光四

廿四　延光殘碑　延光四

廿五上　永建刻石　永建五年

廿五下　陽嘉殘碑並陰　陽嘉

廿六　裴岑紀功　永和二

廿七　永和刻石

廿八　仙集題字　漢安元

廿九上下　景君並陰　漢安二

三十上下　三公山神碑並陰　本初元

卅一上　武班　建和元

卅一下　武氏石闕銘　建和元

卅二　石門頌　建和二

卅三　乙瑛　永興元

卅四　李孟初　永興二

卅五　孔謙　永興二

卅六　孔君墓　永壽元

卅七　李事改大臺　永壽元年

卅八四號　韓敕並陰側　永壽二

卅九　劉平國　永壽四

四十　鄭固　延熹元。又下段殘石。

四一上中下　倉頡廟並陰側　延熹五

四二　淮源廟　延熹六

四三　封龍山頌　延熹七

四四上下　孔宙並陰　延熹七

四五　華山碑　延熹八

四六　史晨前碑　建寧元四〔一〕

四七　竹邑侯張壽　建寧元五

四八上下　衡方並陰　建寧元九

四九　史晨後碑　建寧二年三月

五十　西狹頌　建寧四六

五一　孔彪　建寧四七

五二　楊叔恭殘碑　建寧四七

五三　郙閣頌　建寧五二

五四　武榮　分。無年月，碑文當在建寧時。

五五　楊淮表記　熹平二二

五六上下　魯峻並陰　熹平二四

五七上　熹平殘碑　熹平二年十一月

五七下　耿勳　熹平三(二)

五八共十三小號　石經殘字四種　熹平四年三月

五九　韓仁銘　熹平四年十一月

六十　嵩山請雨銘　熹平四年
六一　尹宙殘碑　熹平六四
六二三小塊　劉梁殘碑　光和四年三月
六三　三公山碑　光和四四
六四　校官碑　光和四十
六五上下　白石神君並陰　光和六
六六　尉氏令鄭季宣並陰　中平二四
六七　曹全並陰　中平二十
六八　膠東令王君　中平二
六九　張遷並陰　中平三二
七十　盧氏季男　建安六九
七十一　樊敏　建安七十
七二上下　沈君二闕

七三上　高頤闕篆題字　建安十四年
七三下　侍中楊公闕
七四上　楊宗
七四下　馮焕
七五　劉曜
七六上下　唐公房並陰
七七　孔褒
七八　魯王墓二石人
七九　魯相殘碑並陰
八十　華陰廟武都太守殘碑
八一　白楊邨畫
八十二　正直碑
八三　子游碑

八十四　玄孫碑

八五　自然碑[三]

八六　朱君長　八五[四]

漢以上共裱十五開[五]。

（七九）（八六）[六]　石鼓文　鉅册

（八十）（八七）　三墳記

（八一）（八八）　西門頌

（八二）（八九）　泰山廿九字

（八三）（九十）　四皓鈎本

（八四）（九一）　隋碑四種

（八五）（九二）　城隍廟碑

（八六）（九三）　張清頌

（八七）（九四）　蘭亭

（八八）（九五）　三公山碑
（八九）（九六）　石門頌
（九十）（九七）　馮本蘭亭
（九一）（九八）　嵩高三闕
（九二）（九九）　太公廟碑
（九三）（一百）　右軍草
（九四）（一百一）　神讖碑　鈎本
（九五）（一百二）　北宋石經
（九六）（一百三）　元魏石刻

魏吴晋宋

一　魏上尊號奏　黄初元
二上下　受禪表兩面　黄初元

三　孔羡　黄初元

四上下　范氏碑並陰　青龍三

五上　黄初三殘石

五下　王基　景元二

六上下　曹真並陰　太和

七　李苞　景元四

八　吴谷朗　鳳凰

九　吴國山　天璽元

十　晋郛休　泰始六

十一　晋孫夫人　泰始六〔七〕

十二　晋吕望表　太康十

十三　晋爨寶子並陰　義熙元

十四　晋楊陽　隆安三

十五　晉劉韜　無年月

十六　晉李夫人畫像

十七　晉蘭亭　永和

十八　苻秦廣武並側　建元二

廿一[八]　苻秦鄧太尉　建元三

十九上下　劉宋爨龍顔　大明二

廿上下　梁太祖二闕

廿一　蕭景左闕

廿二　蕭宏

廿三　蕭憺

廿四　瘞鶴銘[九]

〔一〕建寧元四：指建寧元年四月。下類此。

〔三〕三：此宁在書頁最下沿，殘缺，據《金石萃編》等補。

〔三〕按此條後圈去。

〔四〕按因上條圈去，此處旁注更改後的編號「八五」。

〔五〕又以朱筆分别標示十五開所含範圍，即於「一夏㟏嶁」前標「一」；於「四秦琅邪臺」前標「二」；於「十五鄐君開褒斜道」前標「三」；於「十九太室神道」前標「四」；於「廿六裴岑紀功」前標「五」；於「卅二石門頌」前標「六」；於「卅八韓敕並陰側」前標「七」；於「四二淮源廟」前標「八」；於「四六史晨前碑」前標「九」；於「五一孔彪」前標「十」；於「五七下耿勛」前標「十一」；於「六三三公山碑」前標「十二」；於「六七曹全並陰」前標「十三」；於「七十一樊敏」前標「十四」；於「七六唐公房並陰」前標「十五」，至「八六朱君長」止。

〔六〕因「七九」之前多有增補，且已按實際收録改動序號，如原「七七」改爲「八五」，原「七八」改爲「八六」，後又因圈去「八五」條，改「八六」爲「八五」；但「七九」之後尚未及更改序號，今據增補後順次改動序號。

〔七〕泰始六：據畢沅《山左金石志》等記載，爲泰始八年。

〔八〕按此處序號有誤，與「廿一蕭景左闕」重。

〔九〕據原稿朱筆標示，「魏吴晋宋」當共裱六開。第一開：魏上尊號奏、受禪表；第二開：孔羡、范氏碑、黄初三殘石、王基、曹真；第三開：李苞、吴谷朗、吴國山、晋郛休、晋孫夫人；第四開：晋呂望表、晋爨寶子、晋楊陽、晋劉韜、晋李夫人畫像、晋蘭亭；第五開：符秦廣武、符秦鄧太尉、劉宋爨龍顔、梁太祖二闕、蕭景左闕、蕭宏；第六開：蕭憺、瘞鶴銘。

金石影目録卷三[一]

小墓誌等，九〔月〕一日記之。

僞齊孟邦雄墓誌　阜昌二年七。王有，黄。

唐朗然子詩　天德二年正月刻，當宋高宗紹興十九年己巳。

重修九子母記　慶歷五年閏五月。孫有。

法門寺浴室院靈異記　太平興國三年。孫有。

王氏雙松堂記　崇寧四年四月晁説〔之〕記，詠之書，許彝篆額。

黄葉禪師碑　太平興國二年。

達大師塔記　宣和五年二月。

陳寂之　政和七年四月。

郝武莊公夫人朱氏　元祐三年十一月。李〔嬰〕撰。

樊宗道妻安平縣君崔氏　熙寧二年十一月。

文彦若　皇祐三年十月。

秦王錢俶　端拱二年正月。慎知禮撰。

〔以上〕宋。

窣堵波塔銘　咸通五年八月。高墉述。王、孫並有。

辛仲連妻盧八娘　長安二年。

夫人袁氏　聖歷〔二〕三年正。

薛剛　久視元年五月。冉元一詞。黄。

張敬之　天授三年正月。

張軫　開元廿一年十月〔三〕。吕巖説撰。

張點　開元廿一年九月。

張孚　開元廿八年六月。姪縲述。

張朏夫人李氏　天寶十二載。

張曛　元和八年十一月。

張慶之　天授三年正月。

張玄弼　永昌三年九月。李行廉撰。

張景之　天授三年正月。

梁思亮　萬歲通天元年正月。黄。

仇道朗　萬歲通天元年五月〔四〕。

豆盧遜　顯慶四年八月。黄。

許洛仁妻宋氏　失年。洛仁碑龍(洛)〔朔〕二年。黄。

王行威　垂拱二年九月。

程玄景　長壽三年。黄。

龐德威　垂拱二年十一月。黄。

陳護　垂拱四年正月。

雷君　永昌元年。孫。

黄葉和尚　武德三年九月。許敬宗撰，歐陽詢書。

女子蘇玉華　武德二年五月。歐陽詢撰並書。

虞恭公　貞觀十年六月。歐陽詢撰並書。

唐□善幹誌　貞觀二十年五月。

優婆姨段常省塔銘　天寶十二載。

張夫人令狐氏　天寶十二載十二月。黄。

潘智昭　天寶七年七月。王有，黄。

高延福　開元十二年正月。孫翌撰。王、孫並有。

同光禪師塔銘　大歷六年六月。郭湜撰，靈迅書。孫有。

李君夫人賈嬪　建中二年三月。

楊君夫人裴氏　貞元元年十一月。李衡述。

韋端夫人王氏　貞元六年二月。子縝撰並書。黄。

閭妻張夫人　貞元八年五月。楊宣撰，婿劉釗書。黄。

王庭瓌夫人馮氏墓誌銘　貞元八年十二月〔五〕。史恒撰。

王仲堪　貞元十三年四月。王叔平述。孫有。

劉峑　太和八年十一月。景琰撰。

張源　太和十二年一月〔六〕。吕通書。

基公塔　開成四年五月。王有。

趙公夫人張氏　會昌三年五月。

圓覺大師塔銘　大中七年正月〔七〕。陳寬誌，崔悼〔八〕書。

夫鐘公誌　越國滁州。

周棉府君　中有龍紀元年，字在伊洛間。

石暎　甲子四月，當是唐昭宗天復、天祐間。朱仲武撰書。黄定爲乾德二年。

爾朱逵　程彦矩撰。王《録》附唐末。黄。

敬延祚　中和三年二月。張賓述。

趙虔章　乾符三年九月。

閻好問　咸通十四年八月。姪周彦述。

王公晟　咸通十一年八月，夫人張氏合祔。許舟文。

李郴妻宇文氏　咸通丁亥八月。郴撰，楚封書。

楊籌女母王氏　咸通五年五月。

姚夫人權葬表　大中十一年五月。子劉蛻述，李坤書。

集賢直院榮王府長史程修己　咸通四年。温憲撰，男思進書。孫、王不載，黄。

侯文琮造石浮圖銘　天寶五載。

多寶塔銘　開元二十九年閏四月。

銅鐘銘　景雲二年九月。

史公石像銘　延和元年七月。王、孫並有。

高延貴造像　長安三年。

武周宋敬母等造浮圖像記　天册萬歲二年正月。潘盡敬書。

武周造像銘　延載元年。孫《録》石窟寺造像出河南，恐即此。

阿彌陀像文　上元二年十二月。周志遠等造像，出海一。

（室）〔寶〕室寺鐘銘　貞觀三年五月。王有。

林夫人　大中九年五月。褚符撰。王、孫並有，黄。

劉夫人霍氏　大中十年。黄。

蕭思亮　景雲二年九月。顔惟貞撰。王、孫並有，黄。

張所珍　天寶十五載四月。

韋瓊　天寶十四載五月。范朝撰。

黄撝公夫人劉氏龕銘　天寶十三載八月。少弟玲述。

高忠裕龕塋記　天寶四載九月。

魯山殘誌　道光新出者。天寶五載三月。

大智禪師塔銘　開元廿四年七月。

裴積　開元二十九年二月。族叔朏撰。王有，黄。

惠隱禪師塔銘　開元二十二年七月。

義福禪師　開元廿四年七月。杜昱撰。

比丘尼堅行禪師塔　開元廿一年閏六月〔九〕。

敬節法師塔銘　開元十七年七月。孫有。

李仁德　開元二十一年四月。

王晋並夫人劉　開元十五年十月。

薛君夫人裴氏　開元十四年二(正)〔月〕。

唐昭女子端　開元十二年六月。黄。

折府君夫人曹氏譙郡碑　開元十一年十一月。黄。

孝子郭思謨　開元九年十一月。王、孫並有，黄。

裴公妻賀蘭氏　開元四年十二月。王有，黄。

大慶法藏禪師塔銘　開元四年五月。王、孫並有。

孟友直女心　開元三年四月。

鄭玄果　開元二年十二月。

孝子郭思訓　景雲二年。王、孫並有，黄。

王美暢夫人長孫氏　長安三年。

劉建墓志大人楊氏祔　貞元十四年十二月。郭洪撰。

演公塔銘　貞元十八年正月。楊叶撰，劉鈞書。孫有。

畢游江　貞元十九年七月。

陳義　永貞元年十二月。侯銛撰。

𤩽團空和尚塔銘　太和七年八月。王申伯撰。

吴達　太和四年十月。寇同撰。王、孫有，黄。

劉公夫人楊氏珽　太和四年十月。魏則之撰。

鄭準　太和四年八月。陳齊之撰。黄。

韋端　元和十五年三月。紓撰並書。

崔府君載　元和十四年。成表微撰。

邵才志　元和十四年十一月。仲方文，魏瓊書。一〔一〇〕。

韋和尚　元和戊戌〔一一〕。黄。

李術　元和九年正月。李翺撰。

魏邈　元和十年四月。黄。

崔蕃　太和癸丑七年十一月。

杜行方　太和七年十一月。鄭澣撰，杜述甫書。

澣夫人杜氏　太和乙卯十一月。杜賓符撰。

魏邈夫人趙氏　會昌五年十一月。王儔撰。黄〔一二〕。

瑯琊石刻立幅〔一三〕

舊拓石鼓文

天一閣石鼓文

舊拓曹全碑　徵君公補碑陰，《經眼録》著録。　八十元

舊拓曹全碑　有陰。　四十元

明拓宋廣平碑　最舊殘本

舊拓宋廣平碑　陰側全

白石神君碑

何氏蘭亭　一十元

刁遵碑　三十元

米勃興頌　徵君公跋

齊武平七年孟阿妃爲忘夫朱元洪造像〔一四〕

唐興元元年安國寺上座韋和上圓净墓誌銘　文登于氏藏石，壬子邘上見〔一五〕。

〔一〕原稿此處爲「金石影目録」，另行書「獨山莫氏影山草堂」。

〔三〕「聖」字原作「𡔈」字，「正」字原作「缶」，皆武則天時代造字。

〔三〕按此處原作「七月」，後改成「十月」，故順序在下條開元廿一年九月的張點墓誌之前。

〔四〕五月：稿本原作「九月」，按《唐故國子律學直講仇君墓誌銘並序》拓本作「五月」，趙之謙《補寰宇訪碑録》「國子律學直講仇道朗墓誌」條亦作「五月」，據改。

〔五〕十二月：按趙之謙《補寰宇訪碑録》「扶風郡夫人馮氏墓誌」條作「十月」。

〔六〕一月：按趙之謙《補寰宇訪碑録》「張源墓誌」條作「十月」。

〔七〕正月：按方履籛《金石萃編補證》所收《唐再建圓覺大師塔誌》作「八月」。

〔八〕崔悼：按方履籛《金石萃編補證》所收《唐再建圓覺大師塔誌》作「崔倬」。

〔九〕閏六月：按《金石萃編》「堅行禪師塔銘」條作「閏三月」。

〔一〇〕一：此字似未寫完。

〔一一〕元和戊戌：稿本原作「元和丙戌」，據韋同翊撰《唐故龍花寺内外臨壇大德韋和尚墓誌銘並叙》，韋和尚卒於元和戊戌，即元和十三年，據改。

〔一二〕稿本此後又鈔録《餘姚周清泉世熊所藏三老碑自識》，因不符目録體例，且已見於光緒《餘姚縣志》卷十六《金石》，故不録。

〔一三〕以下至「宋勃興頌」爲另紙粘貼於《餘姚周清泉世熊所藏三老碑自識》一文後。

〔一四〕本條與下條均另紙粘貼「瑯琊石刻立幅」一紙後。

〔一五〕眉批：「壬子邗收增此。」此條後稿本又有莫氏《河圖洛書俱不可考説》一文，已另整理入集。

江南收書記

目録

整理説明

同治四年初，莫友芝奉曾國藩札委，往揚州、鎮江一帶訪求文匯、文宗兩閣《四庫全書》。同治五年初，又奉李鴻章命，查蘇省各屬官書，並繼續采訪兩閣《四庫全書》的公幹。其足跡遍及江南諸郡，每到一地，不僅與文化界人士交流頻繁，還常往書肆訪書、購書。這些購書記録部分留存下來，從中可見當時書籍售價和存没情況，是一份難得的圖書文獻資料。今摭拾於此，供研究者參考（莫氏購書目録多有省稱，今如其舊，並加書名號，雖欠精確，然要在知其大略矣）。

江南收書記

同治四年所收書[一]

《易口訣義》，二，三錢六分；《穀梁釋例》，一，錢五分；《韓詩外傳注》，二錢；《説文繫傳校勘記》，一，八分；《隸篇續》，一；《詩書古訓》，六，四錢四分；《詩陸疏》，一，五分；《禹貢集釋》，二，錢五；《左傳考正》，二，錢五；《字典考證》，四，三錢；《孟子正義》，十，八錢八分；《論語異文考證》，一，錢一分；《吴下方言考》，四，錢一分；《字詁義府》，四，三錢；《舊唐逸文》，二，三錢六分；《説苑》《新序》，四，二錢；《雍録》等，五，二錢；《財書》，二，八分；《診家索隱》，一，四分；《寶刻類編》，八，三錢；《李氏音鑑》，四，錢一分；《某縣考》，一；《老子河上注》，二，錢一分;《老子章義》,一,五分半;《十八先生考》,一,五分半;《具茨集》,二,一錢五分;《惜抱軒集》,八,兩二錢。

白蒲鎮:

《説文引經考異》,二,二錢;《淮北票鹽志》,四,六錢;《韓詩方箋》,五,六錢;《草廬三禮》,十,八錢。

如皋:

《述學》。

泰州:

《孟子趙注》,洋元六角;《陶詩》,洋元八角;《廣雅疏證》,洋元三元。

下仙女鎮:

《恒言録》,一錢五分;《禹貢鄭注》,一錢五分;《割圓密率捷法》,一錢八分;《晏子春秋》,二錢;《後漢書補注》,四錢五分。

以下揚州：

《教諭語》，八分；守山《律吕新論》等，廿六，二兩二錢；《好詞》，一；《唐書》，二，三錢六分；《文選》，二；葉《敬思録》；《通志》，一；《天禄琳琅》，五，兩一錢。

常熟：

《玉堂才調集》，洋一元。

通州：

撫本《禮記》，兩二錢八分；惠氏《易》《禮説》，三，一錢、三錢二分；江氏《尚書集注》，四，兩二錢；《徐靈胎六種》，十，四錢五分；《朱子語類》，廿四，兩七錢二分；《釋名》，一，八分；《日知録注》，十二，兩二錢五分；《易漢學》，二；《釋名疏證》，四，《墨子》，四，共八錢；《兼明書》，一，一錢二分；《大雲山房集》，四，三錢；《采菽堂古詩》，十六，兩七錢一分；《巢氏病源》，十六，二元；《虚舟竹雲三跋》，六，一元二角；《素問釋義》，三，五角；《黄氏日抄》，卅，三元；《家語疏證》，一，二角；《奩史》，十六，二元；崔東壁《改信録》，廿四，二元；《釋藏目録》，二角；《劉後村集》，四（送芋仙），九角；《今詩篋衍集》，四，四角；《元史本證》，一元二角。

上醉六堂。

黄刻《周禮》，一元五角；《四書考異》，十，一元；郝氏《爾雅義疏》，八，一元五角；《萬方針線》，五角；《孟子趙注》，二，一元二角；《説文校議》，二，二元四角；《説文字通》，二，四角；《復古編》，三，一元；《金石文字辨異》，六，一元二角；《西漢年紀》，四，一元；《元史紀事本末》，四，七角；《唐鑒》，四，一元二角；《唐六典》，四，二元；《金源札記》，一，二角；《元史續編》，四，一元；《一統志案説》，二，一元；馬令《南唐書》，三，一元；《通鑑目録》，十二，二元四角；《紹興十八年同年小録》，一，四角；《四庫存目》，六，一元；畢氏《續通鑑》，四十八，十二元；《金石萃編》，六角；《楚詞》，六角；《角山樓蘇詩》，二元四角；《説文蠡箋》，二，二角；《吴中水利書》，六，六角；《古文四聲韻》，二，七角；《世説新語》，六，八角；孫刊《説文》，三，七角；《玉臺新咏》，一，七角；黄刻《國語》《國策》，六（芋仙取去），四元五角；《意林》，二，七角；《群書治要》，廿五，十六元；《稽古録》，二，四角。上墨海堂。

泰州：

《十三經校勘記》，四十八，四元；《籌海編》，八，六角；《禮經釋例》，六，七角；《禹貢錐指》，十，一元四角；《四書備考》，一，一角；《疇人傳》，十二，一元二角；《漢隸分韻》，四，三角；《孝經疏》，一，二角；《正蒙》，一，二角；《全韻詩》，四，二角；《荆川集》，八，六角；《滄溟集》，八，六角；《周易述》，六，五角；《禮經補遺》，四，三角三；《經傳考證》，二，一角二；《五代會要》，六，五角五；《放翁文》，七，五角。十七，共十二元。

如皋（外留二元買《唐書》）：

《大學衍義補》，二十二，三千；《算經十書》，千六百；《劉子全書》，二十四，千八百；《明儒學案》，十六，千二百；《皇朝文典》，十六，八百；《音學三書》，六，六百；《法苑珠林》，三十二，三千六百；《墨子》，四，三百；《文山集》，十，六百。九，共十三千五百。《大學衍義》，十，一元；甌北六種，四十七，二元。二，共三元。

仙女鎮：

《三禮圖》，二，二角；《拾雅》，二，二角；《多識録》，二，二角；《廣訓大字》，二，一角；《史索隱》《五代補》，四，三角；《文宗閣書目》，四，四角；《韓非》□本，二，二角；《九經三傳沿革例》，一，一角；《癖史》，一，一角。共二元。

邵伯鎮：

《鮑本四書》，六，八百；《粤西金石志》，四，六百；《南工廟祀典》，二，百。共一千五百。《梁》《陳》，汲古舊印，八，一元；《史》《後》，九，九角；《泰山志》，十，七角；《黄山志》，七，四角。共三元。

高郵：

惠氏《尚書考》，六分；《榕邨講授》，三，二角四；杭氏《石經考異》，一，六分；《雜事詩》，二，一角六；《唐六典》，四，三角；閻氏《尚書》，八，六角；《淮海集》，六，六角。共二元。《春秋胡傳》，四，三百；《正誼録》，百；《拾雅》，二，百廿；《白虎通》，百廿；《范式鈎本》，一，百廿；《秦漢文》，四，二百；《切問齋鈔》殘，八，百；《陽明集》殘本，十九，二百。

淮安：

《張右史集》，八，百二十；《禹貢》，二，百二十；《養一齋詩話》，四，二百。共千七百。

徐州：

《江寧金石考》，四，四百；《漕運彙編》，四套，三千六百；《行水金鑑》，三十六，三千五百；《修詞指南》，十，七百；《淮鹽志略》，四，四百；《切問齋文》，十二，千二百；《詩紀》，廿二，千二百。共十一千。

清河：

《曾子汻釋》，二，五百（送中堂）；《月令彙編》，八，七百。共一千二百。

淮安：

《爾雅正義》，八，二元（送中堂）；《多能鄙事》，八，二角；《穆傳》《竹書》，二，一，一角；《文法一揆》，四，四角；《别雅》，五，五角；鮑本《説文》，二，一元。共四元二角。

《杜詩鏡銓》，六，六角（下文革）；《六家詩名物疏》，十，四角；《花外集》殘本，二，一角（下文革）；《方輿紀要》，五十二，一元六角；聞本《舊唐志傳》，三十五，二元；《元和姓纂》，四，四角；《詩書古訓》，八，五角（送伯常）；《三希堂集》，六，三角（下舍文）；《安雅堂集》，八，三角；《蠹言》，一，一角。《經書算學天文考》，一，一角；《簡明目録》，十二，一元二角；《復古編》，三，五角。共八元一角。

仙女鎮：

撫本《禮記》，八，二元（送伯常）；《禮經釋例》，十，七角（送伯常）；《春秋世族譜》，二，二角半；《唐律疏義》，九，一元八角；《揚州水道記》，二，四角；《人壽金鑑》，六，六角；《開方釋例》，四，五角；畢《鑑》，零，四，五角；《帝王年表》，三，五角（送莼齋）；《法言李注》，二，二角半（中堂留）；《唐三家文》，四，五角（中堂留）；《印家六種》，四，五角；《春雨樓叢書》，四，五角。共十二元。

大西：

《詩義補正》，二，四角；《春秋釋例》，六，六角；《周易述》，六，六角（已送開生）；《通藝録》，十六，六角；《劉氏詩説》，四，八角；《括地志》，二，二角；《康熙貴州通志》，廿四，衛既齊，一元四。共四元六，先兑二元。

《文藪》，二，《經雅》，《梁書》内本，七，缺一本（廿一之廿八），一元。

《淮北票鹽志》，四；《巡視閩越記》，二；王、李《蒙求》，八；《三昧集評》；《藩王年表》，四。先兑二元，後算。

上九月之徐往還所收。

下揚州收守山閣零本細目：

《經傳釋詞》，《孫氏唐韻考》，《古韻標準》；《鬻子》《尹文子》《慎子》《公孫龍子》《人物志》，共一本；《七國考》，《歷代建元考》，《荒政叢書》，《折獄龜鑑》，《脉經》，《難經集注》，《李虚中命書》，《三命消息賦注》，《珞琭子賦注》，《天步原真》，《明皇雜録》，《大唐傳載》，《東齋記事》，《續世説》，《玉壺野史》。

下丁禹公所贈：

《南薰殿圖像考》；《國朝畫院録》；《蒙求注》，三；《玉堂類稿》，七；《皇朝輿地略》，二；《泰西水法》；《屈宋古音義》；《水經注釋地補遺》，二；《嚴先生通鑑補注彙鈔》，二；《癖談》，二；《裝潢志》；《西崑酬唱集》。

《日本年表》，元；《意林》，元。上劍光閣。

《衡方碑》，五角；《漢晋磚卅九種》，一元五角；《尚書古文疏證》，二元四角；《家範》，二；《司馬年譜》，二，一元；《迪功集》，二，四角；《金石文跋尾》，五，一元二角。上緑潤堂。

《經籍志》，六，八角；《讀書敏求記》，二，三角；《字鑑》，二，五角；《弁服釋例》，二，六角；《漢官儀》，一，三角；《詩詁考異》，八，一元四角；明本《唐六典》，十，一元四角；《唐律疏義》，七，一元六角，另配宋《洗冤録》。上掃葉山莊。《莫紫仙詩》，二，三角；《紀元考》，錢氏，四，六角；《古文韻宋刻殘卷》，一，三角；《説文新附考》，二，二角；《石鼓釋文》，一，二角；《説文檢字》，一，二角；《圖書集成辰州府》，一，三角；《學林》，四，《王荆公詩注》，八，一元二角；《説文聲類》、《唐石經校文》，一元二角；《思道齋集》，四，四角；《千金要方》，十二，一元二角。

〔一〕按：此書目據臺北「國家圖書館」藏《獨山莫氏遺稿·書目雜鈔》録出。書目原無購書年份，據《郘亭日記》推斷爲同治四年。此書目每種書下所注數字爲册數，再下之數字則爲價格。原稿中有莫友芝批注，較爲隨意，今以圓括號括起，置於相應位置。

丙寅六月至滬以來所收書[一]

《周禮鄭注》，明本，善，十二，乙元二。《公羊注疏》，七，八角。吴校《戰國策》，元刻，乙元。《歐陽文粹》，四，四角。嚴衍《補通鑑》，八，殘寫，五角。《鹽鐵論》張注，八，八角。《歷代帝王宅京記》，六，五角。《方輿類纂》，三十，三元。《班馬字類》，一，三角。《朱子年譜》，八，一元。北監《前》《後漢》，五十六，十五元。《甘泉鄉人稿》，五，三角。《金陵梵刹志》，八，四角。《晏子》，四，五角。《商子》，一，二角。《家語疏證》，二，二角。《東萊詩律武庫》，六，宋殘本，六角。《古文關鍵》，二，三角。《唐四家集》《聯珠》《唐風》等，二，三角。《古文苑》，二，三角。〔以上〕廿七元六。

《五禮通考並讀》，百本，三十元。《江文通集》，宋本，五，二元。《王臨川集》，廿二部，八元。《敬業堂集》，十，二元五。《金石文字辨異》，八，元二。《湖南志·

金石》，六，元六。《馬石田集》，四，元六。《元名臣事略》，四，二元半。《二南訓女解》，二，六角。《苕溪漁隱叢話》，十；《羅兩峰夫婦合卷》，〔上兩種〕沈伯川贈。《文章軌範》，二，二角，彝留。《楊升庵草書詩稿》，一，二角。《花間集》，一，明翻宋本，二角。《何大復集》，八，乙元。《李空同集》，五；《江文通集》，四；《何水部集》，一；《古文品外録》；《娵隅集》，〔上〕五〔種〕戴禮庭贈。《元遺山詩注》，蔣海珊贈。《説文篆韻》，一元。《新序》，二，一元二。《茗柯遺文》，二角。《柳河東集》，元半。《包孝肅集》，一元，金眉公借。〔以上〕四十六元六。

《曹全碑》，舊本，乙元五。《管子》，趙刻，十二，乙元。《穆天子傳注疏》，三，四角。《莊子郭注》，十，乙元。《易緯八種》，一，三角。《東萊易説》，一角。《韓非》，四，六角。《淮南天文訓補注》，二，四角。《論衡》，五，八角。《鶡冠子》，一，二角。《南潯鎮志》十附《漣漪文鈔》二，海珊贈。《陸士衡集》，二，一角。《河嶽英靈集》，二，二角。《壹齋集》，十，黄子慎贈。《史通訓故補》，八，一元。《水龍經》，四，賈雲階贈。《干禄字書》，一元。《長吉詩陶庵評》，一，二角，彝留。《石墨鐫華》，四，三角。《妥先類纂》，六，三角。〔以上〕九元四。

《大清通禮》，十二，七角。《昏禮通考》，六，三角。《初學記》，十，六百。《龍龕手鑒》，六，六百。《類篇》，十四，三元。《説文繫傳》，嚴校本，六，五元。南監馮本《史記》，二十，三元。洋板《七經孟子考文》，二十二，八元。《明詩綜》，廿，二元四。《石聞《舊唐》、《宋文鑒》，殘，一元。《禽蟲述》，一，一角。《絶句辨體》，一，一角。《石柱記》，一，一角。東雅《韓文》，十二，二元六。游刻《韓文》，六，未來。《伊洛淵源録》，六，八角。《朱門授受録》，二，寫，八角。《萬國圖》，六，三元。《黄氏日鈔》，廿四，王太素要，三元。《甑甀洞集》，廿，元半。〔以上〕三十五元六。

《□子史記》〔三〕，廿四，送蔣節，二元四角。陳氏《禮書》，二元。《三長物齋》六種，二元。《藝文類聚》，十，三元二。《藝文類聚》，十八，二元四。東雅《韓文》，十，李雨公要，四元。《左傳》，一元。《賈子新書》，醇雅贈，《唐廿六家詩》，一元。《列子》，一，四角。《綱鑑正史約》，十六，二元，彝留。《韓詩外傳》，一，二角。《宋遼金元藝文補》，二，二角。《□□國□》，《日本輿圖》，□□贈。《絳雲樓書目》，借。《明刻小説》，一，一角。《讀韓記疑》，三，四角。《金石三例》，二，二元，沈校。《六家文選》，十六，廿四元。〔以上〕四十六元九。

《元章志林》，一，二角。《元秘書志》，四，一元。《儀禮疏》，十二，一元半。《端溪硯史》《蟹録》《文章緣起》，三角。《石秀齋集》，四，二角。《緯略》，三，三百。《博物志》，一，黄刻，二百。《金石苑》，八，四元。《天下圖》，一，五角，彝留。《萬國圖》，元半。《史記集解》，明本，四十；《前》《後漢》，汪校汲古本；《太玄經》，明翻宋本，六；《説文訂新附考》，四；《兩漢疏證》，廿三，中《前漢》少一本；《左傳》《水經注考證》；《王半山集考證》，此數種借郁氏；《黄山谷授官敕》及《黄氏譜序》，四紙，五元。《香蘇山館詩》，四，禮庭贈。《大吉券》，一元。《元白集》，三元。《飛卿詩注》，二，三角。《舊五代史》，廿四，四元。撫本《禮記》，六，少考證、音義，三元，彝留。《五音集韻》，八，元半。〔以上〕廿七元五。

右滬買，共壹百九十三元六角。

《平津館叢書》，四十八，五元。《古文辭類纂》，十二，三元。《御纂五經》，廿套，廿元。桃花紙《十七史》，二百四十，七十元。《遼史拾遺》，八，四元。《聖武記》，八，一元。《唐文粹》，廿，五元。《明詩綜》，卌二，四元。《宋詩鈔》，廿，三元。書業《前》《後漢》，廿四，八元。

右在滬臨行爲舍弟購，此十種，共壹百二十三元。

下松江：

《宏明集》，三，三百。御案《五經》，廿四，二元四。《晋書》，明本，卌，三元。《天中記》，卌，三元。《淳化帖考異》，二，一元。《真誥》，四，六角。《吴淵穎集》，四，四角。《六朝詩》，十二，一元。《二張詩》，四，二角。《唐宋婦人詩》，一，二角。《話雨樓碑帖目》，二，二角。《墨子》，六，六角。《楚詞補注》，二，五角。《湯子遺書》，八，五角。《農爾雅》，二，一角。《竹垞詩》江注，六，三角半。《謝茂秦詩》，六，三角半。《邵青閣集》，八，六角。《群書治要》，廿五，十二元。《皇元風雅》，六，寫，一元。《建文朝野會編》，六，六角。《龍龕手鑒》，五，三角。《孔叢子》，二，二角。《陸子餘集》，四，五角。《吴越備史》，一，二角。《事物紀原》，十，寫，一元二角。《懷麓堂集》，二十，二元。

上廿七種松江所收，共三十三元三〔角〕。

《陳書》，北監本，四，七角。《説文古語考》，一，一角。《平播全書》，卷一之五，尚少後十卷，六，四角。《大唐創業起居注》，一，一角。《焦氏經籍志》一二卷，一，一角。《十家古文》，四十，二元六角。

上在太倉收者，共四元。

《儀禮詳校》，二，六角。《莊子》，中都本，四，八角。《禮記釋文》，撫本，四，八角。《管》《韓》，趙刻，八，一元三角。《姜白石集》，二，四角。《袖海樓雜著》，二，《歲實考補》《日知録刊誤》等，四角。明本《柳文音訓》，八，一元二角。《劉静修集》，殘本，三。

上在常熟收，共五元半。

《崇古文訣》，十二，元半。殘聞本《舊唐》，廿六半，二元。明修元本《韓文考異》，八，二元半。汪刻《漢書》，十五，少五本，二元。岳本《左傳》，十五，一元六。仿宋《四書》，八角。《通鑑地理通釋》，四，五角。《回溪史韻》，五，元二。《古今書目》，十八，二元。《名臣碑傳琬琰集》，十，八角。《李義山文》，六，《通鑑》，一，元。《崇文總目》，五，六角。《直齋書録》，六，一元二。冷枚《仿西園雅集圖》，元。《茶經》等，四，五百。《史記評林》，廿四，三元三。《元事文類聚翰墨全書》，十二，元。《明史藝文志》，四，尚少集部大半。《墨法集要》，一。岳本《左傳》，十五，二元八。《國語補音》，三，元刻，元二。《駢雅訓纂》，八，二元。《山谷内集注》，影宋，四，三元。《一統志》，一百元，托平齋爲雨亭買。

上在蘇州收者，共三十二元半。

《通雅》，十二，元二。《性理精義》，六，六角。《李杜詩注》，十，元二。〔上三種〕鎮。《紀效新書》，六，一元。《韓文考異》，十二，〔一〕元。〔上二種〕常。

上在常、鎮收，共五元。

以上共三百九十七元。

〔一〕按：同治五年六月，莫友芝至上海，八月由上海歸金陵，途經松江府、青浦縣、太倉州、昆山縣、常熟縣、蘇州府、吴江縣、無錫縣、常州府、丹陽縣、鎮江府、揚州等地。《郘亭日記》載其同治五年九月十七日過常州書肆，此次收書記録亦至此而止。此書目附於同治六年《郘亭日記》（藏國家圖書館）後，每種書下所注數字爲册數，偶而亦附記版本情況，最下爲購書價格。原目記載較爲隨意，今以方括號補全其意，以便閲讀。

〔二〕底本「宁」字上污損，疑此書爲魏叔子史記。

丁卯八月游蘇杭收書簿〔一〕

經蘇所收：

○○《禮書綱目》，廿四，四元。○○《昌黎集五百家注》，十二，二元。

中秋後杭州所收：

○○閩本《儀禮注疏》，十二，二元。閩本《周禮注疏》，十四莫注：可補家本之缺。曾注：此本有缺則奉贈，無缺則不。二元。殘本十行《左傳注疏》，十三，少三，一元。△《爾雅郭注》，三莫注：蒓齋索去。六角。○○《六書故》，十六，二元四角。《石經考文提要》，二，五角。《武氏金石跋》，四，六角。《越中金石記》六，一元。△《貴州通志》，廿四莫注：禹生要。曾注：想取去矣。三元。《武功縣志》，一，四角。《列女傳》，一莫注：稍窄小，有佳者在後，已呈。四角。《法帖刊誤》，二，二角半。《南疆繹史遺文》，二，二角半。《申鑒》，一莫注：蒓齋取去。○《曹子建集》，一，二角半。○《陶貞白集》，一，二角半。○《陳伯玉集》，四，八角。《三唐人集》，三莫注：駱、李、呂，秦刊，中印，尚在蘇，家有呂氏一種。一元。《內簡尺牘》，四莫注：浦刻，不佳。四角。○《元遺山詩》，四莫注：毛本。六角。《元遺山集》，十二莫注：近刻，不善。一元二角。《沈石田集》，二莫注：明刊，已動筆。五角。

△《古文苑》，二莫注：孫刻，首破損二三頁，吴至甫索去。 四角，《越郡忠節尺牘》，二莫注：雜録稿本。 二角。《東洋鍼炙書》，一，五角。 上聚文堂，共二十二元。

〇〇《尚書釋天》，二，五角。 〇〇《洪範正論》，二，五角。《儀禮集釋》，八莫注：缺一卷，待抄補。 一元五角。《儀禮注疏》，十莫注：明嘉靖監本，未善，板多换字。 一元五角。〇《春秋左傳注疏》，廿四，二元。《樂書殘本》莫注：僅首尾數册，以宋刊收之。 五角。〇〇《通鑑外紀》，六，一元。 〇〇《元豐九域志》，六莫注：聚珍本。 一元二角。 聞板《舊唐書》，二十五莫注：缺五本，家有殘本可湊足。曾注：奉贈。 三元五角。《桂勝》，六莫注：印不佳。 四角。《方輿路程考》，十八莫注：是康熙末官書，備巡幸者，惜缺幾半，惟自鎮江至杭州一段全。一元。《曝書亭書目》，一莫注：寫，下半濕爛，須裱過。 二角。《太玄經》郝刻殘册，二莫注：家中本缺此二卷，可補。曾注：奉贈。 二角。《方輿紀要》殘本，六莫注：以湊家中殘本。 三角。《劉子》，一莫注：明刊，不佳。 一角。《郝陵川集》元刊，十三，少三本莫注：詩尚全。 一元。〇《李空同集》，六，一元六角。 上務本堂莫注：並二□箱、繩索一元。 共十八元。

〇《儀禮注疏詳校》，二，一元。《元史藝文志》莫注：印遲紙小，聊備一家目録。 二角。

《雍勝》，六莫注：略似《桂勝》，以備游覽，明人撰。一元。《春秋七國表》，二角。《説苑校本》，三莫注：缺後五卷。三角。《御製盛京賦》，一，一角。《李文公集》，二莫注：稍窄小，有佳者在後，已呈。五角。《因園集》，四莫注：新印。五角。《維揚雜咏》，四莫注：風謡。二角。上務本堂，共四元。

《吾學録》，八莫注：即荷丈在湖南虎癡爲編者。祥芝取去。一元。《陳恭甫集》，廿莫注：新印本，不如道光中印者，尚在蘇。三元五角。上福建林蘭閣，共四元五角。

《兩漢金石記》，八莫注：印尚不缺字而紙太薄，此種尚在蘇，友芝自取。曾注：不可。二元。○○《遼史拾遺》，十，二元。《兩淮鹽法志》，卅二莫注：繩孫要。曾注：可奉贈。四元。○○《通雅》，十六，四元。上寧波汲綆齋，共十二元。

《春秋繁露》，四莫注：明刊。五角。《樂通》，一莫注：未詳撰人，俟考，舊寫。五角。《元經》，三莫注：明刊，多闕文。五角。《漢瓦》，一繩孫要。二角。《封氏見聞記》，一莫注：舊寫。二角。《劇談録》，二，二角。《翼玄》，三莫注：《函海》本，不佳。三角。《南朝史精語》，二莫注：多爛闕。二角。○《元遺山墓記年譜》，一莫注：闕尾七八頁。一角。《升菴詞》，四，二角。《儀禮白文》，一莫注：寫，經文毛監，遺脱未能補。一角。上文光堂，共三元。

○○《儀禮單疏》，八，二元五角。《越東金石略》，二莫注：印遲，頗有换字。八角。

《平津讀碑録》，三，二角。上醉六堂，共三元五角。

○○《易緯八種》，一，五角。《詩世本古義》，十六莫注：明初刊，多换爛。二元五角。

《毛詩古音考》，二莫注：明刊，待整理補綴。四角。○《詩譜補亡》，一，四角。《爾雅新義》，二莫注：近時刊。二角半。《左傳附注》，二莫注：太破爛。二角半。○○《史記志疑》，十，二元半。○《後漢書》汪刻，卅六，八元。○○《五代史》南監余刻，四，二元半。《隆平集》，四，六角。《金石録》舊鈔，四，二元；《金石録補》，四，一元二角半莫注：二種尚在蘇。○《石鼓文考異》，一，二角半。《書儀》，一莫注：汪刊，有數頁破爛。五角。《道藏目録》，四，八角。《玄珠密語》，四莫注：舊鈔，中闕三篇又十許頁，須借禹生本鈔補。一元六角。《金壺字考》，二，六角。《韓門綴學》，二，六角。《杜七律注》，一，一角。○《孟東野集》，三，五角。○《李義山集》，二莫注：毛本精印。一元。《林和靖集》，二，六角。○《劍南詩集》，卅二，四元。○《水心集》，六，一元五角。○《内簡尺牘李注》，二，八角。《晞髮集》，二，六角。○《吴淵穎詩注》，五，一元。《洹詞》，四，一元二角。○《曝書亭集》，十六莫注：子密要。曾注：不可。五元。○○《樂府詩集》，八，四元。《詩律武庫》，二莫注：缺末二卷，作梅持去。五角。《洛陽伽藍記》，一，二角。上留青閣，共四十五元五角。

上共百十八元。

瀨行友朋所贈：

《書蔡傳音釋》，六。《再續千字文》，一。上高北平。

《元和姓纂》，四。《雁蕩山志》，未裝。《詁經精舍文三集》，一。《遜學齋集》，二。上孫琴西。

○《逸周書》，二曾注：求轉惠。《荀子》，四。《張曲江集》，四。《笠澤叢書》，二。鄭所南《心史》，二。《隋書》，廿。《江弢叔詩》，四。上許益齋。

《爾雅疏》，四曾注：求轉惠。莫注：此種絶壞。○《讀書敏求記》，二曾注：求轉惠。《當歸草堂所刊養正書》，十。《絶妙好詞箋》，二。上丁松生。○《説文》孫刻，四曾注：求轉惠。莫注：印頗不遲，而紙太壞。《天一閣書目》，十曾注：求轉惠。莫注：印遲，已多闕字。《十駕齋養新録》，六曾注：求轉惠。莫注：此種印遲，大不佳。○《賓退録》，二曾注：求轉惠。莫注：中有動筆處，可厭。上金眉生。

《夢西湖詞》，一。曹葛民。

〔一〕按：此書目據臺北「國家圖書館」所藏莫友芝手稿《丁卯八月游蘇杭收書簿》一册録出，該册上方記書名，旁下注一數字，當是册數；每種下偶而附記版本情況或對該書去向之説明（有莫友芝與曾國藩兩人批注手跡，今分别以「莫注」、「曾注」標示），底端記價款，總計百餘種書，花費一百十八元。後又有「瀕行友朋所贈」一項，共二十三種。該册卷首有曾國藩於十二月初七夜朱筆題識云：「凡去錢收買者均須歸敝處收，○出者前已收到矣。其中有自注自取者，注某人要者，分别可不可，朱注於下；殘本有可補配者即以奉贈；他人贈尊處之書如可轉惠，亦注出。十二月初七夜國藩識。」同治六年八月，莫友芝再往江浙訪書，過鎮江、常州、無錫、蘇州、吴江、嘉興、石門縣，於八月十四日至杭州，逗留二十餘日，此份書目即爲當時購書和受贈書清單。

同治七年日記後所附書目〔一〕

《周易王注》，明味經堂本，四，五角。《尚書考辨》，二，四角。《尚書釋天》，二，二角。《禹貢分箋》，三，二角。《陸氏春秋三書》，四，一元。《周禮纂訓》，八，一元。《夏小正》黄刻，一，二角。《書儀》，一，五角。《書經注疏》，二元。《詩義》。《經籍考》，八，八角。《畜德録》，八角。《學詩津逮》，二，二角。《曉讀書齋雜録》，二，二角。《一切經音義》，三，一元二角。《甘泉鄉人集》，五角。《愛日精廬書志》，一元二角。《桐埜詩》，一；《蕉飲詩》，四，五角。《老子口義》，劉評，一百。《華嶽集》，四，四角。《金史》。《元史類編》。《二程遺書》。《輿地廣記》。《文選》，唐府本，廿，八。《大清一統志圖》，内板綿紙，四，二元。《玉機微義》，十，二。《明詩選》，卧子，四，四角。寫本《遺山詩》，三，五角。《義山遺文注》，四。《葉夢得集》，二。《讀書脞録》，三。《駢體文鈔》，十，八角。《葉水心集》，一元六角〔二〕。

戊辰十一月，揚州：

《陳氏禮書》，二十四，二千。《徐節孝集》，二，四百。《蛾術堂集》，四，四百。《韓文類譜》，二百。《研六室文》，四，四百。《班馬字類》，二，四百。

邵伯：

修汪本《兩漢》，四十，十四元。《國語》《國策》，黄刊，八，六元。

泰州：

《詩緝》，八，乙元。《文選樓叢書》，廿四，三元。《人壽金鑒》，六，四百。《曾子注釋》，一，二百。元本《伊洛淵源》，六，四百。《畿輔安瀾志》，廿四，二元二百。《孳經室集》，廿本，二元。《杜詩錢箋》評點本，六，四元。《劉端臨遺書》，四百，揚。《歷代名賢圖》，六，乙元。

〔一〕按：此書目附於同治七年《郘亭日記》後，當爲本年購書記録，惟中間留白甚多，疑非本年購書全目。每種書下所注數字爲册數，最下爲購書價格，亦有以〇代元、以△代角者，今徑以字代替。

〔三〕按：以上不詳收地。

同治八年以後所收書〔一〕

庚午年正月在金陵收〔二〕：

《粤雅堂叢書》，二十七元。《五音集韻並四聲篇》。《班馬異同》，四，附《題評》刊本。《經典釋文》，鄂新刻；《文選李注》，鄂刻；《國語》、《國策》，鄂翻黄本三種鄂中投贈。

庚午年二月在皖城收：

《爾雅圖》，三本，一元半。《劉海峰集》，十本，四元。《沈選八家文》，十，一元。《歐集》小本，廿，一元。《陳文恭案牘》，卅八，一元。

三月在鄂城收：

《淮海易譚》，四，銀六錢。《六書故》，五兩六錢。《史記題評》，五兩。《讀史方輿紀要》，十六兩。《管子》，四兩。周伯琦《説文字原》，一，一兩。共銀三十一兩六錢。〔庚午三月在鄂城買者，每兩作實大錢一千五百文。〕

六月在揚州所收：

撫本《禮記》，二元。《太平御覽》，八十，二十六元，又錢六百。《方輿勝覽》，十六，宋本明初印，六元。

八月在金陵所收：

《爾雅古義》，〔六本〕，七百；《子建》、《明遠》、《昭明》三集，〔三本〕，七百；《書家傳》，〔二本〕，二百；共合一元半。《藏密齋集》〔附《茅藿集》〕初印本，一元半。上汲綆，三元。

《廣韻》，一元。《爾雅注補正》，三百；《楚詞王注》，三百；《列女傳圖》，六百；共一元。《津逮》集□《周髀》等，一元。《恩餘堂集》，廿二；《瘞鶴銘考》，一；共一元。上寶善四元。

《類篇》，〔十四〕，五元。《王文恪集》，〔十〕，二元半。上文粹，七元半。

《翻譯名義集》，一元半。上大酉，元半。

《明史》殘本，十九，一元。上二酉，一元。

嚴氏《通鑑補》，〔十本〕，八十，三十三元。《丹淵集》，十，元半。《勉齋集》，十，元半。《今體詩鈔〔注略〕》宋七律注，一，二百。上文會，三十六元又二百。

仿宋《四書》，二元。《通典》，四十，十六元。《兩漢文鑑》，〔八〕，二元半。《范忠宣集》，〔十〕，一元半。《精華録訓纂》，〔十二〕，三元。上聚經，二十五元。

《公羊注》，仿宋初印，四，一元二角。《四書釋地補》，六，一元二角。《國語補音》，〔一〕，三百；《水經注釋地》，〔二〕，三百；《四史疑年録》，〔二〕，六百；共一元。《莊子》大字注，〔四〕，二元。《詩話總龜》，〔十〕，三元。《滄浪集》，〔二〕，六角。《通典》嶺南本，八十，二十元又錢六百。上懷德，二十九元又六百。

《雕菰樓易學》，十，二元。《學蔀通辨》，一，三百。上三元〔三〕，二元又三百。

《後漢書補逸》，六，元半。《綏寇紀略》，六，元半。《國山碑考》，一，二百。《廣陵通典》，二，三百。上彙興，三元又五百。

《春秋辨疑》，一；《易學濫觴》，一；《書古文訓》，四；《猗覺寮雜記》，一；《澗泉日記》，一；共一元。《晚唐詩紀》，廿四，一元。《檇李詩繫》，廿四，一元半。《熙朝雅頌》，廿四，二元半。《相理衡真》，四百。上琳瑯，六元又四百。

《泰易天啟時事》，寫。《普濟方》影明，殘，借二元。〔舊取《天啟時事》及新取《普濟方》仿宋殘本，以前借二元，消之。〕

上金陵收者，約共弗一百一十九元。

九月過蘇所收：

《隋書》，四十，嘉靖南監修元版，六元。《元豐類稿》，十，一元。《具區志》，六百五；《論語異文考證》，二百；《格古要論》，四，六百五；《經史管窺》，二，二百。《叢書初編》，六，缺二編，三百；共二元。《説文韻譜》，六百，以寄黄子壽。

上九月過蘇收者，共費九元零六百。又還綠潤一元半。

《論語皇疏》，東洋本，五，一元二角。《唐鑑》，四，一元。《華陽國志》，廖本，四，一元。《蔡中郎集》，六，一元二角。《山谷詩三集》，汪，十二，三元。《雞肋集》，十二，稍小，一元六角。《范香溪集》，元至正刊，八，二元。《天下郡國利病書》，六十四，七元。崇德書院刊《鬼谷子》等（上注：未來），二元。《援鶉堂筆記》，十二，一元二角。徐養齋《讀書札記》，一，四百文。《張宛丘集》，寫本，足本，八，四元。《歲寒堂杜詩》，八，一元二角。《杜詩詳注》，十四，二元八角。宋本《韓昌黎集》，十二，二匣，九元。宋本《柳河東集》，十二，二匣，六元。《雞肋集》，八，三元。

自蘇至此約五十六元半。今歲約二百八十八元。

十一月所收：

《經世文編》，八十，六元（後注：以段《説文》、《韓集》、《古文辭類纂》三種换，長收錢千四百）。《黄漳浦集》，廿四，二元八角。《吕氏家塾讀詩記》，十二，一元二角。《庸吏庸言》，四，舊本，三百文。上十一月收。

辛未年所收：

《唐月令》等逸書十種，六，一元二角。《四元玉鑑細草》，六，二元四角。《朱梅崖集》，十，一元五角。《敬業堂集》，十。《三國文紀》，十。《吴野人詩》，五。

《通鑑刊本正誤》，彦清贈。《平定粵匪紀略》，孟虞贈。《齊民要術》、《花菴詞選》，四；並緑瀾。明刻《唐詩雜家》，並裝博古，一元。《毘陵集》，四，八百。換《龍門三龕》，補一千。《制義叢話》，八，一元。《寶刻叢編》，寫，八本，二元。《白長慶集》，一元。《淮北票鹽志》，四，七百。殘《誠齋集》，六百。《楞嚴經》，五；《明文徵》，三十二；共四元五百。《鈔老子》，二元。《漢書》舊本，四元，又付曾訂一元。《蘇詩集成》，四套，七元，寄直隸。《藏密齋集》，十二，二元二百。《五代史記》，六，二元。《儀禮注疏》張刻，八，四元。《植物學》，二，二百。汪氏《國語》並《漢地理志》，一元三百。《王氏農書》，四，一元(欠半)。《史漢方駕》，四，一元[四]。

〔一〕按：此書目載同治八年至同治十年《郘亭日記》後，日記藏中國社會科學院文學研究所善本室。每種書下所注數字爲册數，最下爲購書價格，偶記版本情况，又有「汲綆」、「大酉」、「寶善」等，係當時書肆名號。其中同治九年三月在鄂城買者和同治九年八月金陵所收書目又有毛紙清單貼於日記後，内容較前略詳，凡所詳處均以方括號括出。

〔二〕按：原題「正月在金陵收」，在「六月在揚州所收」題後，當爲後來補記，今移之前。《經典釋文》等三種後注「鄂中投贈」，似爲三月在武昌時胡鳳丹所贈。

〔三〕三元：按此指書肆名。

〔四〕按：「辛未年所收」後空數頁，又有書單，當亦同治八年後所收，惟不詳具體何時，附記於此。